吴腾汉 传

杨荣凯 ◎ 著

中国书籍出版社

图书在版编目(CIP)数据

吴腾汉传 / 杨荣凯著. —北京：中国书籍出版社，2023.10
ISBN 978-7-5068-9612-2

Ⅰ.①吴… Ⅱ.①杨… Ⅲ.①吴腾汉-传记 Ⅳ.①K827=49

中国国家版本图书馆CIP数据核字(2023)第191661号

吴腾汉传

杨荣凯 著

责任编辑	王志刚
责任印制	孙马飞　马　芝
封面设计	辉汉文化
出版发行	中国书籍出版社
地　　址	北京市丰台区三路居路97号(邮编：100073)
电　　话	(010)52257143(总编室)　(010)52257153(发行科)
网　　址	chinabp@vip.sina.com
经　　销	全国新华书店
印　　刷	成都中嘉包装印刷有限公司
开　　本	880毫米×1230毫米　1/32
字　　数	159千字
印　　张	7
版　　次	2023年10月第1版　2023年10月第1次印刷
书　　号	ISBN 978-7-5068-9612-2
定　　价	65.00元

著作权所有·违者必究

吴腾汉画像　　　　　　　吴腾汉故里梅山镇西书村

吴腾汉故居西书村松泉堂

西书村

2019年8月4日,时任中共三明市委书记林兴禄在梅山镇调研时参观吴腾汉故居。

2022年7月19日,大田县委常委、纪委书记、监委主任童作光一行到梅山镇廉政教育基地(吴腾汉故居)检查指导工作。

位于三明市区的"明风园历史名人长廊"共有全市历史名人23人,大田县吴腾汉和范子高位在其列。

梅山镇廉政教育基地展厅一角

吴腾汉出生地梅山镇梅山村俊兴堂

道光皇帝圣旨"奉天敕命" 　　　　　　　　道光皇帝御赐器皿

"奉天敕命"牌 　　　　　　　　圣旨内容之一

圣旨内容之二 　　　　　　　　吴腾汉卸任回村后主持修缮的凤山桥

梅山镇党委、政府所在地鸟瞰图

昔日冶银重镇万银场已被闽湖水淹没

流经梅山镇的文江溪是吴腾汉当年去福州参加乡试、拔贡考试以及贩运木材的必经水路

2019年10月重修落成的凤山桥

位于梅山镇雄峰村的大田蓬莱口吴氏宗祠

吴腾汉高祖吴仲察画像

吴腾汉曾祖吴初龙画像

吴仲察享年96岁,延平府知府赐"德劭年高"匾

万银场之银渣

吴仲察所建的高楼祠

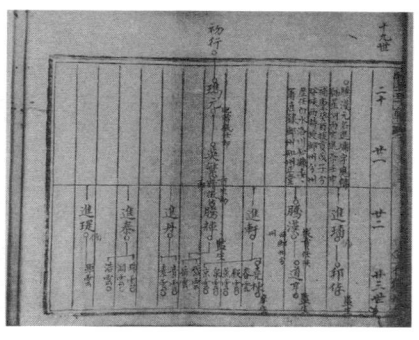

西书村吴氏族谱

松泉堂 　　　　　　　　　　　　　松泉堂是大田县级文物保护单位

闽浙总督汪志伊、福建巡抚张师诚和福建提督　　吴腾汉出生地梅山村俊兴堂之祖宗牌位
学政方振为吴腾汉题写"拔元"匾

吴腾汉母亲墓之墓碑,碑上刻有"清显妣例敕　　吴腾汉墓
封七品吴母余氏老孺人之墓"等字样。

吴腾汉两次在大田县考棚参加童试。考棚址在县武装部东南边,已毁,现为民房。

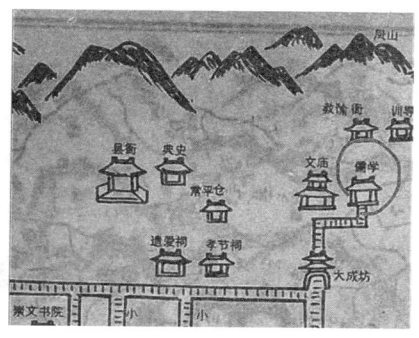

吴腾汉考取附学生(秀才)后在大田县儒学进学

座落在大田县儒学大门右侧的文昌阁

大田县文庙之名宦祠

大田县文庙之朱子祠

始建于明成化八年(1472年)的大田镇东桥

吴腾汉两次到永春州参加童试，两次参加岁试，两次参加科试。图为永春县老县城。

位于金峰山麓桃水之滨的永春州考棚于1906年改建为永春州中学堂，现为永春一中。

吴腾汉两次到福州贡院参加考试，一次是乡试，一次是拔贡考试。图为福州贡院大门。

福州贡院考棚鸟瞰图

吴腾汉在京师国子监就读一年零二个月

国子监中院两侧是国子监学生上课的地方，分东三堂、西三堂。图为西三堂。

吴腾汉履职地陕西省白水县老县城之南门 　　吴腾汉履职地陕西省洛川县老城区一古建筑

吴腾汉履职地陕西省鄜州(今富县)州城一角 　　吴腾汉在西安城候任知县一年;在西安城任陕西巡抚衙署书吏数月。图为西安古城一角。

吴腾汉同科拔贡苏履吉故里德化县春美乡双翰村。图为该村的苏氏祖祠。 　　吴腾汉恩人林则徐纪念馆之一"伊犁林则徐纪念馆"

道光皇帝画像

林则徐雕像

福建布政使贺长龄画像

陕甘总督布彦泰雕像

陕西巡抚杨以增雕像

陕甘总督（署理）琦善画像

编委会

主　任：吴初增

副主任：林宗镇

成　员：陈新镇　陈德强　连仁山　陈振本

大田县政协文史学习和民族宗教委员会

序

吴初增

大田于明嘉靖十四年（1535年）建县，迄今历四百八十余载。虽非千年古县，一样拥有悠久的历史和厚重的文化积淀，而且钟灵毓秀，人才辈出，涌现出许多声名远扬的历史名人。2015年，三明市地方志编纂委员会编写的《三明市历史名人》一书，收录了我县范子高、田顼、田琯、田一儁、吴腾汉、林宜春等六位历史人物传记，吴腾汉位居六人之列。

吴腾汉，1780年出生于梅山镇梅山村，十二岁入私塾读书，十五岁随父母回原籍西书村。1813年，吴腾汉以"学行兼优、年富力强、累试优等者"成为大田县学选送的唯一人选，参加十二年一次的省提督学政选取拔贡考试，取得福建"拔元"并进入京师国子监就读，十四个月后经考试获得二等，被吏部铨选为知县，掣签至陕西候任，先后担任巡抚衙署书吏，白水、洛川知县和郴州知州。1849年，吴腾汉上疏朝廷请求提前致仕让贤获准，回到原籍，两年后于1851年病故，时年七十一岁。

吴腾汉为官期间，体恤百姓，广开衙门，接待来访民众，倾听民间疾苦；摒除官场陋习，对贪赃枉法者严惩不贷；重视农业，带领人民造水车、修水利，购种子、造农具，亲授农民种植水稻，推动农业生产发展；免除苛捐杂税，不滥派徭役，减轻农民负担。由于他为官勤政廉洁、恪尽职守、造福于民，深受百姓欢迎和厚爱。白水百姓建造生禄亭纪念之，郴州民众赠送"月朗风清"红绸横匾，道光皇帝特颁一道"奉天敕命"以表彰其功绩。

斯人已远，风范长存。为弘扬其精神品质，激励后辈传承，三明市在明风园历史名人长廊中宣传他的事迹；大田县在新时代文明实践中心记述他的故事；梅山镇将其故居"松泉堂"打造成廉政教育基地，通过这些形式，让人们能够从中接受教育、汲取力量，让其精神品质在新的时代背景下得以发扬光大。

我们撰写和出版《吴腾汉传》一书，旨在通过对吴腾汉相关史料的挖掘、收集和整理，全面客观展示吴腾汉的生平事迹，总结发现其教育价值和现实意义，让吴腾汉所体现出的优秀精神品质，能够影响和激励新时代广大干部增强廉政、勤政和服务意识,进一步改进工作作风,狠抓工作落实,为推动经济社会高质量发展作出更大的贡献。

(作者为中共大田县政协党组书记、县政协主席)

目 录

引 言
002　清官"吴清寒"

第一章
006　吴仲察其人
009　吴腾汉出生
011　同窗失学
014　回到潦头村
017　考中秀才
022　开书馆当塾师
026　习　医
030　巧治心病

第二章

- 036　考取拔贡
- 041　就读国子监
- 045　拜访名医
- 051　到陕西候任知县

第三章

- 058　经营木材生意
- 062　血本无归
- 068　还　债
- 072　探访同科拔贡苏履吉
- 078　揭榜治天花
- 082　初识林则徐

第四章

086　西去陕西
090　走马上任
093　虚心求教
097　学说"官话"
101　革故鼎新
105　大堂审案
114　试种水稻
118　路　遇
125　侄儿失踪

第五章

136　履　新
140　为恩人治病

147	升任知州
151	接待客人
158	受到皇上嘉奖
160	公堂断病
167	辞官离任
176	遭遇土匪打劫

第六章

184	告老还乡
188	愧对债主
193	修缮凤山桥
195	魂归故里
198	后　记

引 言

YIN YAN

清官"吴清寒"

吴腾汉官至直隶州知州,官不大,他却以为官清廉闻名遐迩。在福建省三明市"明风园历史名人长廊"里,吴腾汉的名字赫然在列,他清正廉洁、秉公执法、勤政为民、爱民如子的故事感动和影响了许多人。

吴腾汉,字应韩,号星河,大田县三十都漈头(今梅山镇西书村)人,清乾隆四十五年(1780年)出生,咸丰元年(1851年)卒于漈头,享年七十一岁。

吴腾汉因家穷十二岁始进私塾启蒙,十五岁随父母从漈里(今梅山镇梅山村)回到原籍漈头,辍学两年后再入私塾。嘉庆十一年(1806年)二月,他参加由大田县知县贺祥主持的县试,获"邑尊贺祥岁取正案第一名",随后到永春参加州试又名列前茅。同年八月,吴腾汉参加由福建省提督学政主持的岁试,被录取为附学生,六年后递补为廪膳生。

嘉庆十八年(1813年),吴腾汉凭借"学行兼优、年富力强、累试优等者"成为大田县学选送的唯一人选,参加由省提督学政方振主持的十二年一次的选取拔贡考试,并以福建"拔元"的身份进入京师国子监就读。十四个月后"临监肄业",经考试获得二等,被吏部铨选为知县,掣签陕西候任。吴腾汉无钱疏通关系,久候未被委任,直至五十六岁这年在福州幸遇回老家省亲的林则徐(时任江苏巡抚,曾任陕西按察使、代理布政使),蒙其关照才得以赴陕任职,先后担任巡抚衙署书吏,白水、洛川知县和鄜州知州。吴腾汉入仕后,为造福一方百姓,恪尽职守,廉洁奉公,殚精竭虑,不遗余力,深受当地百姓的赞誉和拥戴。

道光二十九年(1849年),吴腾汉上疏朝廷请求提前致仕让贤获准,回到原籍。他由于为官期间十分清廉,且怜贫恤苦,接济和帮助穷人多,加上返乡途中又遭不测,回老家前已是囊空如洗、身无分文。回到老家后,因没能享受到本该享受的致仕年俸,经济窘迫,生活清苦,终导致"多年州县官,还不起借贷银"的事情发生。吴腾汉也因此被人称作"吴清寒"。

第一章

DI YI ZHANG

吴仲察其人

吴腾汉传

漈头村有个叫吴仲察的人,他系蓬莱口祠、白岩楼祠、东兴祠之裔孙,是漈头村隆兴祠、高楼祠之开基祖,生于清康熙年间,卒于乾隆年间,享寿九十六岁,延平府知府赐"德劭年高"匾。

相传,吴仲察年轻时因生活贫困,时常到外地籴稻谷,碾米后挑到离漈头二十几里的万银场和富裕坪售卖,赚点辛苦钱维持生活。有一次,当吴仲察挑米来到万银场炼铁炉附近时,不知是何缘故,炼铁炉里流出的铁水竟都结成了银块;吴仲察离开后,铁水结出来的照样又是铁块。接连几次均是如此。炼铁老板感到十分惊奇,认定吴仲察不是凡人,而是能给他带来好运和万千钱财的神仙。之后该老板邀请吴仲察合股炼铁。吴仲察认为自己与老板云泥异路,贫富悬殊,他不可能真邀合股,而是在开玩笑,于是就随口回了一句:"找我这样的人合股,你就不担心赔光了本被扒光了裤?"

老板不是跟吴仲察开玩笑,所以他在听到吴仲察的回话后既没笑,也没生气。他进而说,吴仲察虽合股但不必投资，只合个干股即可对半分红。

吴仲察听后仔细想想，认为人世间不会有这等好事，于是便以卖米事多、无暇顾及其他为由予以婉拒。吴仲察临走前，老板想了想又对他说，只要他脱下一件衣服挂在炼铁炉旁，就算他合股。

吴仲察听老板如此一说，先觉得好笑，继而想："合股既然如此简单，那为何不合上一股呢？"于是他脱下外衣给老板，然后径直回家。说来奇怪，自从炼铁炉旁挂了吴仲察这件外衣后，炉里流出来的铁水天天都结出了银块。老板也很守信用，"炼铁得银"所得到的好处均对半分给了吴仲察。数年后，吴仲察成了远近闻名的富户。他在邻近四乡置田产二千多亩，年收租谷三千石（每石一百二十斤），还在潦头村建了隆兴堂。

吴仲察致富后，结识了大田县城的一位大富豪，此人既是生意人又是个文化人。他囊萤映雪，饱读诗书，在做生意的同时还倾资办学。他深谙办学之道，且有远见卓识。受其影响，吴仲察也在潦头村创办了一座书馆，他让长子吴初龙在书馆任教，招收本村及邻近村的孩童到书馆学习。吴仲察每年拿出三百六十石粮食用于书馆的教学和修路等。

吴仲察对生活十分困难的人极富同情心。有一天，他在自家的碓房里看到有个上有老下有小的男人来偷米。见到有人偷盗，心里反感是难免的，而吴仲察打心里可怜这个人，于是就装作没看见悄然离开。之后他与家人在一起时提及此事，告诫家人说，遇到确实有重大困难而让人心生怜悯和同情的人，哪怕人家真做错了事，也不要过多去责骂和为难他（她），得饶人处且饶人。据说，若是有谁来借米的，吴仲察听到后便会立即放下碗筷或手中活，给人家拿米去，因为他知道人家已是无米下锅了；倘若人家是来借稻谷的，他会等忙完手中活之后再借给。

吴仲察后来还建了一座房子，就是高楼堂。高楼堂依山而建，为悬山式三进木质架构民居，房屋建得相当壮观和气派。

吴仲察长子吴初龙承继家业，再造辉煌，花了整整三年时间，在潦里（梅山村）的牛头崙建了一座大宅名曰"俊兴堂"。全宅占地五亩多，有一百二十个房间、四间厨房、六个粮仓，还有书馆（实为家塾，存续时间不长）、花园等。

吴腾汉出生

吴仲察有两个儿子，即长子吴初龙，三子吴初行（次子夭折）。吴初龙有三个儿子，长子吴一荣，次子吴一升，三子吴知瑄。吴初行无子，吴初龙三子吴知瑄过继给他为子，并改名为吴瑸元。吴瑸元有一个儿子，名吴英繁；吴英繁有七个儿子：长子吴进璠，次子吴腾汉，三子吴进轩，四子吴腾辉，五子吴进丹，六子吴进泰，七子吴进䢮。

吴腾汉于乾隆四十五年（1780年）八月廿九申时出生于漈里牛头崙之俊兴堂，此时高祖吴仲察已离世多年。

吴腾汉出生的这一年，乾隆皇帝将自己最喜爱的皇十女固伦和孝公主许配给和珅之子丰绅殷德，君臣成为亲家，从此和珅在皇帝的庇护和纵容之下，开始了长达数十年的巧取豪夺，最终成为"史上第一贪"。同样是在这一年，正月过后乾隆皇帝从京师出发，开始了他的第五次南巡。乾隆皇帝数次南巡都要经停江宁府（今南京市）、苏州府、杭州府、扬州府。此次南巡，乾隆皇帝还来到浙江海宁，这是他数次南巡到达的最南端，也是他作为当朝皇帝到的一个距离漈头村最近的地方。

此次伴驾的除了王公大臣、蒙古王公台吉、直隶官员等以外，还有曾任福建省提督学政的纪晓岚。纪晓岚曾三次伴驾南巡。第一次伴驾南巡是乾隆二十七年（1762年），也正是这次伴驾南巡结束，他成了钦命福建省提督学政。乾隆三十年（1765年），纪晓岚父亲病故，他丁忧回家，从此离开福建。

纪晓岚担任福建提督学政几年间，大力倡导和推行治学方略，全省各地学风甚盛，书馆及书院的数量大量增加，教学设施也得到很大改善。就在他担任福建提督学政期间，离吴腾汉居住地牛头崙不远处，也创办了一座书馆。

家附近就有书馆，上学可免去路途往返之劳累，这对于吴腾汉来说，无疑是一件好事。可惜吴英繁没能赓续祖父吴初龙昔日之辉煌，致家道中落，家境清贫，经济捉襟见肘。

吴腾汉天资聪慧，幼小时就常常被书馆里传来的阵阵读书声所吸引，稍大后则成天嚷着要读书。六七岁后因没书读，他便经常私自跑到书馆，站在窗外或偷偷钻进课堂听塾师授课。塾师及几个学生家长曾多次劝说吴腾汉父母送儿子读书。

吴腾汉父母知道儿子很想读书，知道儿子可能是块读书的料，并且心里也很想送他到书馆读书，无奈孩子多，家庭收入少，实在是心有余而力不足。

同窗失学

吴腾汉十二岁这年,家里的经济状况有了好转,父母发觉吴腾汉想读书的心一直都收不回来,于是两人一合计,便将吴腾汉送进了书馆。

书馆也称学塾、教馆、乡塾、族塾、家塾,既有塾师自己设馆招生的教馆、学馆、书馆,也有富有人家聘请名师宿儒专门教授自己子女而设立的家塾,还有依靠族产支撑,用祠堂、庙宇等地租收入及私人捐款兴办的族塾。作为民间办学的一种形式,私塾已有悠久的历史。

私塾以塾师自设馆为最多。塾师文化水平高低悬殊,既有像蒲松龄、郑板桥这样的文化名人,也有不少粗通文墨之"腐儒"。私塾学生既有儿童,也有成年人,按照施教程度,人们把私塾分成蒙馆和经馆两类。蒙馆即启蒙的私塾,学生主要由儿童组成,重在识字;经馆的学生以青年为主,大多忙于举业。事实上自设馆为了有足够的生源,一般都属于二者兼容的"混合馆",即所招生员不分年龄和文化程度。

吴腾汉在读的这座书馆属于塾师自设的"混合馆"。

书馆实行个别教学,基本上是因人而异、因材施教。吴腾汉有十几个同学,塾师根据他们不同的文化程度安排读不同的书,有的读启蒙读物《三字经》《百家姓》《千字文》,有的读《论语》,有的读《孟子》,有的读《诗经》,有的读《礼记》。他们同一个塾师,同在一个课堂里读书。即使是同读一本书的学生,塾师也会根据不同的学习基础和接受能力,安排不同的课业。

吴腾汉最先读的书是"三百千",即《三字经》《百家姓》《千字文》。这三本书在长期的教学实践中已逐渐得到社会各界的认可,成为明朝以来最常见的儿童识字用书。《论语》《孟子》属于经典读物,也成为蒙学教材的一部分。

吴腾汉生性聪颖,过目成诵,进了书馆后如鱼得水,学得既快又好。他比其他一起入学的同学大了几岁,读书也更加自觉和勤奋,一两年后他的学习进度就远远超过了同时进馆的同学。

吴腾汉有一同窗名叫吴斯齐,本村人,比吴腾汉小两岁,他们天天一起上下学,一起做功课,彼此朝夕相伴,形影不离。吴斯齐家相对富有,他经常邀吴腾汉到他家去,吴斯齐父母把吴腾汉当作自己的儿子看待,有什么好吃的东西都少不了他一份。

不想就是这么个关系特别要好的同学,数天后却失学了。失学的直接原因就是他的父亲得病去世了。"你爸几天前还好好的,为何这么快就得病走了呢?他到底得了什么病？为何会得这种病？这种病有药治吗？你们请过郎中给他治病吗？"吴腾汉见到吴斯齐后接连发问。

吴斯齐说，父亲得病后，家里曾想花钱到外地请郎中来给父亲看病，但因为父亲发病急，等不起，就没去请名气较大医术较高明的郎中来，请来的郎中是隔壁村的。这人也算老实本分，就是脑瓜不大好使，医术太差，他给父亲看了一会儿病后就摇着头说，不是他不会看，确实是因为病人得的病太离谱太罕见了。走之前他还不忘嘟哝了一句："那么多病，你怎就挑上这稀罕病呢？"

"郎中不说自己的医术不行，反倒埋怨病人得了罕见病，这是什么狗屁郎中？"吴腾汉大声骂道。

然而，想不到的事情又发生了。数月后的一天，吴斯齐的母亲突然得病，肚子痛得在床上直打滚。吴斯齐的叔叔见状后，病急乱投医，又去邻村准备将上次给他大哥看过病的郎中请来。这位郎中虽没什么本事但有自知之明，他知道自己有几斤几两，担心再次遇到疑难杂症，治不了病或治不好病又要被人指摘，索性装病，突然手摁腹部，大声对家人喊道："我肚子痛得厉害，你们快去找个郎中来给我……治病。"吴斯齐叔叔看到这情况，知道这郎中的"葫芦"里是什么东西了，于是转身跑回家里。最终，吴斯齐母亲不治身亡。

接连发生在同窗好友身上的这两件事给吴腾汉的触动极大，他认为在这偏远的乡村，太需要能真正为乡民救死扶伤的郎中了。

回到潦头村

吴腾汉十五岁这年，父亲吴英繁认为牛头崙俊兴堂这房子虽然建得十分气派，远近闻名，但房子只利长房（即吴初龙后人），不利三房（即吴初行后人），吴英繁便带上一家老小离开俊兴堂回潦头。他在潦头村村头建了一座房子，并给房子取名为"松泉堂"。

松泉堂坐西南朝东北，建筑面积近一亩，由矮围墙、墙内空坪、下堂、中天井、正堂和两侧厢房、过水亭、护厝等组成，主体建筑面阔三间，进深九柱，穿斗式结构，悬山顶。正堂明间设神龛，龛上刻有"钟祥衍庆"四字。屋后有一棵松树，松树附近有一泓清泉，"松泉堂"因此得名。

吴腾汉十五岁这年是乾隆六十年（1795年），也是乾隆皇帝在位的最后一年。

这一年的会试中，各省上报朝廷八十岁以上会试者计一百一十六人，实际参加会试并三场完竣者九十二人。乾隆皇帝与朝廷大员闻此消息后十分高兴，对于孙子搀扶百岁应试爷爷参加科考之类的事大加赏赐和宣传。

吴腾汉从漈里回到漈头后，因家里的积蓄都花在了建房子上，家庭经济又困难了。好在入住松泉堂后，吴腾汉父母的心情好、劲头足，粮食收成不错，家禽家畜又养得膘肥体壮，经济收入稳定，诸事顺遂人意，一两年后家里又有了点积蓄。之后，吴腾汉父母又想到送儿子读书的事了。

漈头村自从吴仲察创办了第一座书馆后就一直有办学传统，书馆的地点换了几回，书馆的名字改过数次，在书馆任教的秀才或"老童生"更是一个接一个。直到数年前，因开办书馆的这个塾师自感年龄大，带弟子有些力不从心，才决定停办书馆，解散学生。

之后由村中长老牵头组织学生家长一起商议，决定以钱或稻谷等作为"修金"，共同聘请邻县尤溪的一位秀才为塾师，在村里的祠堂开课教学。同时决定依照惯例，刚启蒙的学生修金少交点，读了几年书后的"读大书"学生修金多交点；读书以一年为期限，正月二十开学，十二月二十结束，一年只有端午节和中秋节各停学一天；一年结束前，要将全年的修金交给塾师，第二年是否续聘也要提前告诉塾师。

吴腾汉这年十七岁，之前已读了几年书，属于"读大书"的学生，修金便要多交些。开学前，学生或学生家长将自备的课桌椅送到祠堂。开学的第一天，学生带着香烛纸等跪拜先师孔子画像，跪拜后开始上课。

吴腾汉这一读连续读了五年。他不但深读"四书"

"五经"，可随口引用并加以发挥，而且思清笔健，所撰写的八股文深得塾师和耆宿们的好评。

这期间，吴腾汉除了读塾师要求读的书外，还利用课余时间阅读向别人借来的医书，掌握了一些比较简单的医理知识以及民间的一些偏方验方。他经常一边看医书，一边尝试着为家人或邻居看个头痛脑热之类的病。

考中秀才

嘉庆八年（1803年），吴腾汉二十三岁。这年年初，吴腾汉认为已经较好地掌握了书本知识，可以求取功名，独自去闯一闯了。他首先面临的是童生考试。童生考试分两场，第一场是县试，在所在县大田县治所进行，由知县主持；第二场是州试，在所在州永春州治所进行，由知州主持。县试在二月（农历）举行，州试在四月。参试者在县、州两场考试全部通过后才被录取为童生。

大田原属延平府，清雍正十二年（1734年）永春县升为永春州，大田改属永春州。永春州为直隶州，下辖德化和大田两个县，因直隶州不设附廓县，原永春县境内的所有事务均由永春州知州兼管。

按规定，吴腾汉参加县试须有一个廪膳生作担保，称为"保结"，以保证参试人身家清白、非冒名顶替等。参加州试的报名、考试场次以及保结人数等与县试相同。

吴腾汉父辈为人和善，人缘好，加之附近一带有不少读书人是在吴腾汉高祖吴仲察、曾祖吴初龙直接或间接帮助和影响下出人头地的，他们对吴仲察的后人有感恩报恩之心，所以一听说吴腾汉要参加县试和州试，便有几个廪膳生主动要给他作保结。

县试在大田县城前街附近的考棚进行。县儒学吏员和县衙署礼房吏员负责考试的监场、试卷保管及分发、收卷、弥封等事务。考试当天，大田县知县贺祥（江南正阳人，戊午进士，嘉庆五年任，嘉庆十一年升永春直隶州知州）及教谕叶奋蛟作为正副考官亲临考场监考。考试结束后，由知县和教谕出面聘请本地年资较高的举人、贡生等一起参与阅卷评卷。

吴腾汉县试的成绩不错，但在参加州试时发挥失常，故没能取得童生资格，没能参加当年八月举行的岁试。

三年后的嘉庆十年（1805 年），吴腾汉二十五岁，这年二月，他又一次来到大田县城，参加仍由知县贺祥主持的县试，获"邑尊贺祥岁取正案第一名"。四月，他到永春州治所参加由知州主持的州试。此次考试吴腾汉发挥正常，取得了很好的成绩。吴腾汉在参加县、州两场考试并获得通过后，被正式录取为童生。

考取童生只具备了参加岁试的资格。岁试是由省提督学政主持的考试，因提督学政又称提督学院，故也称"院试"。参加岁试的报名、填写履历等与县试和州试类似，但参与保结的廪膳生增至两人。为让偏远地区的应试童生少受旅途之苦，省提督学政在省城考场主考附近各府、州之应试童生，其余各府、州则由省提督学政依次亲临府、州考场主持考试。考试分正试、复试两场，试八股文与试帖诗，并默写《圣谕广训》数百字等。

岁试的目的有三个：一是从童生中考选出生员（俗称"秀才"）；二是通过考试对县学原有生员进行甄别，并按成绩好坏分别给予不同的待遇；三是为科试挑选生员，即岁试成绩优秀的可参加次年举行的科试。

嘉庆十年（1805年）八月，吴腾汉到永春州治所参加岁试并顺利通过，被正式录取为附学生（新录取的生员，不论岁试成绩多好，均为附学生），同时取得了第二年参加科试的资格。录取为附学生后，吴腾汉即成了大田县学（儒学）的生员，开始接受县学学官的月课和考校。

县学生员中，除了廪膳生和增广生，其余都是附学生。附学生包括岁试中新录取的"新生"；以前入学尚未递补为增广生的"老生"；因参加岁试、科试成绩不好由增广生降为附学生的"降级生"。县学生员按说都要在校读书，但事实上除了新录取的附学生外，其他人平时均不在校，只是定期或不定期地到县学接受学官的监督和考核。

县学生员中的廪膳生和增广生有员额限制，附学生则没有。清初的选举律文如是说："生员色目，曰廪膳生、增广生、附学生，初入学曰附学生员。廪、增有定额，以岁、科两试等第高者补充。"同时还规定："直省廪、增额，府四十，州三十，县二十。"

其实，廪膳生和增广生的员额还视各府、州、县大小而稍有不同。大田县不算大，但廪膳生和增广生的员额却均为二十人。

廪膳生之所以被读书人看重而为此不懈追求，是因为廪膳生除了享受一般生员的待遇外，还享受每月六斗皇粮的待遇。此外，还可以优先参加岁贡的选取考试。

增广生想递补为廪膳生，附学生想递补为增广生，除了要在岁试和科试中获得好成绩外，还要有员额空缺。廪膳生出现空缺有两种情形：一是年资较老的廪膳生被选为岁贡，或参加科举考试考上举人或进士等；二是廪膳生员额出现减员，如廪膳生死亡。增广生员额出现空缺也有几种情形，一是增广生递补为廪膳生；二是增广生参加科考考中举人或进士等；三是增广生参加岁试、科试，因成绩很差被降为附学生。

生员（秀才）虽不是官，但有较高的社会地位，可以享受普通人享受不到的一些待遇。他们可以穿样式统一的服装，不服兵役、徭役，免纳公粮，犯错不上刑等。如果一定要对生员用刑，也不能打屁股，只可由专管生员的官员用戒尺打其手心。举人以上的连手心也不能打。

当然，倘若生员事情做得过分，惹恼了知县，知县便会通过教谕想方设法革掉其功名，于是生员就成了白丁，那就跟一般人无异了。各县的教谕有打生员的权力，但教谕一般不亲自动手，而是授权他人拿戒尺打生员的手心。

嘉庆十一年（1806年），吴腾汉首次参加科试，但最终没有获得通过。三年后吴腾汉再次参加科试获得通过。此次考试可谓一箭双雕：首先，他取得了参加第二年在省城举行的乡试资格；同时由于科试成绩好，他被递补为增广生。

乡试三年举行一次,亦即一年举行岁试,次年举行科试,第三年举行乡试,三年一循环。乡试在子、卯、午、酉年举行,时间定于当年的八月初九、八月十二和八月十五,共三场,第一场考八股文,第二场考官场应用文,第三场考策论。乡试中举是非常让人羡慕的事情,中举后即使参加会试未能考中,也已经具备了做官的资格。

嘉庆十五年(1810年),吴腾汉赴省城参加乡试。参加此次乡试的大田县生员有十几人,县衙署和教谕衙署联合为应试生员举行了一个隆重而热烈的欢送仪式,知县汪兆楠(嘉庆十五年任)和教谕叶奋蛟在仪式上先后致辞。

吴腾汉参加乡试出师不利,与举人擦肩而过。乡试备受各级和社会各界人士重视,但举人并不是那么容易考上的,大田县自嘉庆三年(1798年)以来的十二年时间里,只有三人考上举人,他们分别是:均溪建成的柳其春,时间是嘉庆三年(1798年);吴山阳春的林应牧,时间是嘉庆四年(1799年);武陵半路的柯上苑,时间是嘉庆九年(1804年)。

开书馆当塾师

吴腾汉虽只是个增广生,没能考中举人,但这在濚头村及附近一带,也足够让人羡慕了。吴腾汉回村后,即被村里的长辈们注意上。"吴腾汉是咱村里人,学问高,为人好,为何不叫他给咱吴家子弟做传道授业解惑之事,却舍近求远叫来个外地人?难道增广生比不上个老童生吗?"不少人都这么说。这年年底,受聘在村里任教的这位塾师刚好聘期已满,长辈们一合计,叫来吴腾汉以及部分学生家长商议后,便决定从明年正月开始聘请吴腾汉当塾师。

增广生虽有员额限制,却不像廪膳生那样每月有六斗皇粮可以享用,所以吴腾汉必须考虑通过努力赚钱来解决一家人的吃饭穿衣问题。他很感激村里人的信任。作为濚头人,他确实很想为村里做点力所能及的事;他更希望濚头村能延续昔日办学传统,拥有一座属于濚头人自己开办的书馆。

吴腾汉的意思是书馆由他来开,塾师也由他来当。

他的想法一说出,即得到大家的支持和欢迎,次年正月十六,由吴腾汉开办的书馆正式开馆。书馆就设在村祖祠的厅堂，厅堂里摆放着形状、大小和颜色各不相同的课桌椅，这些课桌椅是学生或学生家长事先从家里搬来的。厅头有一张陈旧的供桌，上面摆放着香炉和放供品用的几个碗碟，供桌正上方悬挂着一幅先师孔子的画像。

书馆里挂先师孔子画像属于定规。先秦时期，孔子的儒家思想并不被重视，后来汉武帝采纳董仲舒建议，"罢黜百家、独尊儒术"，以传授儒家思想文化为主的私塾得到空前发展。在此历史背景之下，孔子当年在家乡曲阜开办的私学被视为私塾，而孔子也因此成为第一个并且是最有名的"大塾师"。隋唐时期科举制度的出现进一步推动了私塾的普及和发展，私塾遍布城乡。隋唐科举考试主要围绕儒家经典"五经"进行；明朝以后的教育仍然以儒学为主，注重儒家的经史义理，虽然科举考试的重心向"四书"倾斜，但"四书"同样属于儒家经典的范围。

吴腾汉有学生二十几个，其中有几个是邻村慕名而来的。学生入学年龄不限，从六七岁到一二十岁的学生都有，其中以十二三岁以下者居多。学生年龄大小不一，学习进度快慢各异，这意味着吴腾汉每天都要在同一个课堂里，教人识字、学作八股文等。

年幼者入学后先教其识字，识至千字左右后，开始教读《三字经》《百家姓》《千字文》。亦有识字后直接教读"四书"等书的。教法大多为先教学生熟读背诵，然后在适当的时候由塾师逐句讲解。除读书背诵外，有习字课，从塾师扶手润字开始，描红，再写映本，进而临帖。对于已经初解字义的学生，则教以作对，为做诗等做准备。"四书"读完后即读"五经"，兼读古文，如《东莱博议》《古文观止》等等，并开始学习作文。由于科举取士深入人心，书馆重视制科文字即八股文的习作，为科举考试做准备。

私塾虽然不分年级，但就一般学生的学习而言，还是可分为几个阶段的。一是启蒙教育，即识字教育，大约是从第一年到第二年共两年时间；二是读书教育，大约是从第三年到第五年共三年时间；三是开讲、开笔作文教育，大约是从第五年到第八年共四年时间；四是八股文完篇、练习揣摩阶段，大约是从第八年到第十年共三年时间；五是不断温书，不断习作八股文，争取考中秀才、举人、进士，这段时间长短就因人而异了。

开学第一天吴腾汉就对所有的学生说，读书的过程其实就是从识字一直到会写和写好八股文等应用文章的过程。他说，读"四书"是作八股文的最重要基础。《论语》有一万二千七百多字，《孟子》有三万四千六百多字，《大学》和《中庸》约五万字，这"四书"非要读到滚瓜烂熟不可。之后再读《诗经》《尚书》《礼记》《周易》《春秋》这"五经"，做到倒背如流。为防止忘记，这些书必须经常温习，尤其是"四书"，更是要连本文带朱注（朱熹注解）地读，做到烂熟于心中，随口引用，如平时说话那样自然。

吴腾汉还说，读书是作文的基础，读熟读烂"四书"

"五经"以及《神童诗》《唐诗合解》等书之后,再读一定数量的八股名文,并不断地进行模仿练习,一般就能学会写八股文、试帖诗了。

吴腾汉没有当过塾师,作为第一回上轿的"大姑娘",他面对学生没有说太多,只是将之前塾师对他说过的话,如竹筒倒豆般地倒出来给学生。

时过数月,吴腾汉开始有属于自己的教学感悟、体会和心得了。之后,他课讲得越来越生动,学生们读书的热情和积极性也越来越高。私塾的学规极严,制定有十分严厉的罚则,体罚乃是平常事;吴腾汉慎用学规,极少体罚学生,取得很好的教学效果。

习 医

吴腾汉开书馆当塾师一晃已经过去一年了,在这一年时间里,他积累了不少教学经验,同时也得到了绝大多数学生和学生家长的好评与赞许。作为一名塾师,他的努力和付出已经使他由一度的忐忑不安、手忙脚乱变得相当气定神闲、从容自信了。

嘉庆十七年(1812年),吴腾汉三十二岁,这年八月初,他给学生请了一位代课塾师,自己又一次去永春州参加科试。此次科试他取得了优异的成绩,不久即被县学递补为廪膳生。

吴腾汉回到课堂两个多月后,他的一个品学兼优的学生因患病得不到及时救治而死亡。他甚觉悲痛与惋惜。这事又一次勾起他对往事的回忆,又一次引发他对乡村缺医少药状况的思考,让他想起了读私塾时就立下的要当郎中为乡民救死扶伤的誓言。

"我可能不是业医,但我一定要当个兼职的郎中。"此时,吴腾汉为乡民救死扶伤的愿望显得非常迫切与强烈。他心里想,如今书馆的教学已经完全步入正轨,往后在确保教好学生、确保学生课业不受影响的情况下，一定要利用课余时间多读多看医学书籍，多给人看病，以丰富自己的医学知识和临床经验，提高诊病治病的能力。

吴腾汉自从开书馆当塾师之后便有了较为固定的经济收入，被递补为廪膳生后，他每月又可以领取六斗的皇粮。虽然收入不算高，但足够使之前的一些想法变为现实。以前他自学的医书都是就近向别人借阅的，属于一些初级简略的医书，而且由于年代较久远，又经多人翻阅，有的书已经出现缺页或毁损严重而无法阅读。

医书对于习医者来说无疑是十分重要的。吴腾汉知道，由于当地及附近一带没有知名的郎中，他借阅不到比较经典又实用的医书，而想成为一名医术高明的郎中，又必须读大量的医书尤其是经典医籍。要读医籍就只能自己去购买。于是他特地向人咨询医籍的书目以及购书途径，先后购买了包括《神农本草经》《黄帝内经》《伤寒杂病论》《难经》《金匮要略》《温病条辨》《伤寒论》等许多医籍，以及一些名家的药方集和民间的偏方、验方集等。

吴腾汉充分利用课余时间认真阅读购买来的医籍。随着他掌握的医学知识的增多，他的医技也不断提高，常有本村及附近一带的乡民慕名找他诊病。因为许多病人的病被他治愈，他的知名度便越来越高，他越来越受到乡民们的尊重。

吴腾汉深知学无止境。他十分仰慕和尊重国内著名医家，很想结识并求教于他们，但因为自己身为塾师，教务繁忙，加上路途遥远，并非想去便可以去成。于是他想到了省内的医家，想到了离他最近的医家，他很希望有机会去认识和了解他们。

吴腾汉了解到，福建医家在妇产科上取得不俗成就，尤以陈修园的《女科要旨》为代表，此外还有长汀县邹成东的《保产篇》、林达的《胎产万全》和邵武县虞景熹的《胎生达生合编》等。连江县陈乃霖为儿科名医，种痘经验丰富，其子陈建桐也以儿科著名，善种鼻痘，尤专于麻证治疗。种痘经验丰富的还有上杭县的江万丈以及大田县京口叶氏种痘传人叶时禀等人。

此间福建刊行了大量的医学著作，除上述外，尚有研究诊法的陈五鼎之《脉经》；方剂学著作有邹成东的《简便方》，林滨齐的《内外科方》，曾鸿文的《医方汇编》，陈起蔚的《医方说略》等；临证各科有郑葆仁的《针灸六法秘诀》，黄润光的《内科要诀》，吕尤仙的《外科秘录》，魏秉章的《保赤新编》，陈书的《治喉举要》等。

在福建名医中，离吴腾汉最近让他最有亲切感的要数宁洋县东坂（今大田县桃源镇东坂村）的巫开桂了。

因为之间离得近，吴腾汉此前就听说过巫开桂以及与他相关的事。巫开桂是汀州客家巫氏医药第十三代业医。

在汀州客家巫氏医药传承谱系中，以行医为职业自巫官宝始。业医始祖巫官宝，二世祖巫成德，三世祖巫迪，四世祖巫永昌，五世祖巫月川，六世祖巫思川，七世祖巫君值，八世祖巫日焜，九世祖巫登玼，十世祖巫锡文，十一世祖巫德章。巫德章之子巫宗贤，巫宗贤之子巫开桂。

汀州客家巫氏医药根植于祖国传统医学，传承了古中医的理论、方药和技法，同时又具有民间医药特色。东坂客家巫氏医药在传承汀州客家巫氏医药理、法、方、药的同时，又选择性吸收和融入畲族人治病疗伤的技法以及一些验方秘方等，从而形成了一个独特的医学流派和一套完整和有效的诊疗手段及方法。

巫开桂自小就认真向父亲和祖父学习客家巫氏医药，对客家巫氏医药情有独钟，造诣颇深。他仁心仁术，着手回春，在当地、周边县以及闽西和粤东一带广受盛誉。

"若有机会去东坂，一定要好好向他请教，认真地学一学客家巫氏医药知识。"吴腾汉虽然心里这么想，其实他也清楚，作为一个有良知又有很强责任心的塾师，实际上他并没有多少业余时间可以利用。传道授业解惑是他的正业，他不可以随心所欲地去做误人子弟之事。

巧治心病

漈头村往北二十几里便是尤溪县新阳的地界。尤溪是朱熹的诞生地，朱熹是宋朝著名的理学家、思想家、哲学家、教育家、诗人，闽学派的代表人物，儒学集大成者，世人尊称他为朱子。朱熹著述甚多，有《四书章句集注》《太极图说解》《通书解说》《周易读本》《楚辞集注》，后人辑有《朱子大全》《朱子集语象》等。其中《四书章句集注》被列为钦定的教科书，成为科举考试的标准读本。

受朱熹的影响，尤溪人更重视文化教育，县里的书馆和书院比邻近县多，读书人更多；县学生员数（廪膳生和增广生除外）多，考上举人、进士的多，当官的人也更多。

新阳有一富翁名叫陈蕴华，有良田三千多亩，豪宅三座，金银细软无数。他大儿子陈捷富，两次参加乡试均未能中举，之后一气之下将以前读过的与科考相关的书籍通通付之一炬，转而对言情小说如《红楼梦》《莺莺传》《霍小玉传》《离魂记》《西厢记》《汉宫秋》《救风尘》《倩女离魂》等产生了浓厚兴趣。他尤其喜欢读《红楼梦》，对此书可谓达到了痴迷的地步。他天天都要捧着《红楼梦》读，常常是一边读，一边喃喃自语。因为十分羡慕贾宝玉，他特意将自己的名字改为"陈宝玉"。

在贾宝玉身边的美女中，陈宝玉最喜欢的是林黛玉。他废寝忘食，天天捧着《红楼梦》读，时时刻刻都想着林黛玉。如此这般过了一两年，陈宝玉竟然相思成疾、茶饭不思、卧床不起，一副弱不胜衣、瘦骨嶙峋的样子。家人十分着急，四处求医，先后请来了多个郎中为其治病，但一直没能治好他的相思病。

陈宝玉之父陈蕴华偶然听说离新阳不远的漈头村有个叫吴腾汉的人，潜心钻研医学，医术了得，给不少人治好了病，包括一些奇病怪病，于是他特地派人去请吴腾汉给儿子治病。吴腾汉虽读了很多医书，感悟和心得不少，却缺乏临床经验，得知新阳有人慕名找他，便有些胆怯和犹豫不决。"有人找上门来了，若是避而不见肯定不好，但真去了，又怕治不好患者的病。况且自己是塾师，白天要给学生授课，要去也只能利用晚上时间，而晚上来来回回地跑数十里路，又须他人陪伴，累己也累人。"吴腾汉想了想之后，便对来人说："我之前虽也学医，但只懂得点皮毛，只能给人治个脑热头疼的，你还是另请个医术高明的郎中吧。"

这人回了一趟新阳后又来了。"病人的父母说，一定要请你去一趟，治好治不好都没关系。他们还特地叫我转告你，治病花钱那是天经地义的事……钱不是问题。"

其实吴腾汉去与不去与钱并没有太大关系。"既然这样，那我也只好去了。"他下学后与那人一起上路，到陈蕴华家时已至掌灯时分。吴腾汉顾不上喝水歇息，便与病人的父亲来到病人陈宝玉的卧房门口。吴腾汉在门外侧耳细听，听得里面有微弱的声音："我的林妹妹呀，你为什么还不来啊，你知道我是多么地想见到你吗……"

吴腾汉进入卧房，掀开帐帘，拿着油灯一照，陈宝玉身体消瘦，脸容憔悴，眼神呆滞，他枕边放着一本已经被翻烂的《红楼梦》。见此，吴腾汉心中已经有底了，他随即给陈宝玉把了把脉，又问了些情况，然后出了门。

他告诉陈宝玉的父母说，他们儿子得的是一种罕见病，这病属于心病，不是一般的药物就能治好的。吴腾汉说，要想病好了，就必须按他所吩咐的去做。陈宝玉的父母听之，频频点头。

当晚四五更时分，当陈宝玉在睡梦中一声声地呼唤林妹妹时，只听见门外有一女子用泥软甜美的声音回答道："宝哥哥，林妹妹我来了。"陈宝玉听到后，顿时来了精神，从床上一骨碌地爬起来，点上灯，提着灯盏一边开门，一边喜不自胜："林妹妹，你终于来了……林妹妹，请进……快快请进！"

门开了，"林妹妹"翩然而入。"林妹妹……我想死你了……都这么久了，你怎么这时候才来呀？"此时，陈宝玉想好好地欣赏一下林妹妹的美貌，于是迫不及待地举起灯盏朝她的脸照去，不料这一照，却让他看到了一张奇丑无比的脸，吓得他连退数步，险些摔倒。原来来的并不是闭花羞月、沉鱼落雁的林妹妹，而是灰容土貌、满脸皱纹的一老妪。

陈宝玉惊恐地问："你是林妹妹？"来者连忙点头："本人正是林黛玉。"

陈宝玉非常疑惑不解："林妹妹你为何变成如此模样？""林妹妹"听罢，十分伤感地回答说："都说岁月是一把杀猪刀，此话说得不错呀。当年曹雪芹先生认识我时我二十岁不到，年轻貌美，可是曹雪芹如今已经死去快五十年，我也已是年近古稀的老人了，怎可能还是当年那样的花容月貌呀？"

陈宝玉觉得话说得很在理。看到"林妹妹"丑陋不堪的脸，他突然觉得十分害怕，于是一边将她推出门，一边说："你赶快回去吧，我再也不想看到你了……"说罢急忙关紧房门，拴上门闩。

陈宝玉被吓出了一身冷汗，躺上床之后仍心有余悸。他想了又想，觉得林妹妹方才说的话是很有道理的，人又不是神仙，就只有短短的几十年，哪有不老之理？他进而又想，我才二十几岁，岂能和一个比我奶奶还老还难看的老婆子结秦晋之好？……不行，万万不行！他想着想着就睡着了，而且一觉睡到天亮。

第二天，他不再茶不思饭不想，也不再是大白天一个人关在房间里、躺在病榻上。他早饭后就颤颤悠悠地在村头村尾走了个来回，而且逢人便说，以后大家千万不要再叫他宝玉了，他不是陈宝玉，他是陈捷富。

陈捷富的病好了。

吴腾汉用特别的治疗方法治愈了陈捷富的相思病后，陈捷富的父母十分高兴，也十分感激吴腾汉。过了月余，他们带着厚礼坐着轿子来到吴腾汉家再次感谢吴腾汉。吴腾汉见到他们，连声说不必这么客气，尔后轻描淡写地说："常言道，心病还需心药医，我只不过是找着了病因，用对了'心药'而已。往后你们要劝导儿子多读些其他方面的书，让他避免重蹈覆辙，枉受疾病折磨之苦。"

第二章

DI ER ZHANG

考取拔贡

嘉庆十八年（1813年），吴腾汉三十三岁，这年四月他作为县学"学行兼优、年富力强、累试优等者"之唯一人选，去省城参加由省提督学政方振主持的十二年一次的拔贡选取考试。

挑选府、州、县学生员之成绩优异者或年资较长者升入京师国子监读书，被选上的人统称为贡生。贡生不同于贡士，举人经会试被录取者称贡士，第一名为会元；贡士参加殿试均不落榜，只是由皇帝重新排列了名次（分为一甲进士、二甲进士、三甲进士）。

明朝时贡生有岁贡、选贡、恩贡和纳贡等四种；清初以来贡生分为恩贡、岁贡、优贡、拔贡、副贡、例贡等六种。

一、恩贡。凡遇皇帝登基或其他庆典颁布恩诏之年，照府、州、县学岁贡常例，除岁贡外，加选一次作为恩贡入国子监读书。清初以来特许先贤后裔入监者，亦称恩贡，比如朝廷每年都会给孔子后裔一定的贡生名额，以示尊孔崇儒。

二、岁贡。每年或隔两三年从各府、州、县学中考选年资较长的廪膳生入国子监就读称为岁贡。由于大都挨次升贡，故有"挨贡"之俗称。岁贡生到京师后，要到翰林院复试，合格者方许入国子监，不合格者罚充吏（官府中的办事人员和差役）。岁贡生员原先的选择要求是"必资性淳厚、学问有成、年二十以上者方许充贡"。但时间一长，岁贡生的质量就出现问题了。府、州、县学贡献学员时，有意挑选当廪膳生多年、屡次科考不中的"老字号"应考，免得因为生员考试成绩不好而影响了地方官的薪俸和仕途（岁贡生的考试成绩与地方官的薪俸和职务挂钩）。

三、优贡。各省提督学政三年任期届满时，在本省各府、州、县学生员中考选一次，并择优送入国子监就读，这些人称为优贡。

四、拔贡。考上拔贡的难度最大。顺治元年（1644年）首举选贡，定六年一次，乾隆七年（1742年）改为每十二年一次（逢酉之年）。参加考试的名额是每个府学二名，州、县学各一名。各地选送生员参加由省提督学政主持的考试，考试成绩优秀者由省学政选送贡入京师国子监。

五、副贡。副贡即从乡试副榜中录取的贡生。明嘉靖年间乡试就有副榜，名字在副榜的准贡生，称为副贡。清沿明制，乡试也设副榜，上副榜者可以直接进入国子监学习，这种生员叫做副贡。

六、例贡。例贡是不由考选而由"援例捐纳"取得贡生资格的人，例贡又分为附贡、增贡、廪贡。

吴腾汉参加的是癸酉科拔贡选取考试,考试地点设在省城的贡院。贡院是乡试的考试地点,离总督府不远。总督府地处福州城中心,坐北朝南,主楼之外有幸堂、山斋、宿云楼、乐圃、天眼堂等附属建筑。宋朝时这里是提刑司署,元朝时是肃政廉访司署,明朝时是按察司署。从清顺治十八年(1661年)开始,闽浙总督常驻福州。总督李率泰在任上把位于福州城东南方向的总督府迁到此处。

和吴腾汉一起在福州参加拔贡选取考试的生员有七十余人,均来自省内各府、州、县学。考试的时间为农历七月,考试的场次和内容等与乡试基本一样。

考选拔贡,提督学政、巡抚等省里的官员都要承担相应的责任。若考场混乱,作弊现象严重,或有人徇私情做好人,导致入选者不具真才实学,在复试中因成绩差遭淘汰,不但参试者本人脸上无光,省之官员如提督学政、巡抚等也要遭受责罚。

所以在考选拔贡过程中,相关官员的态度是认真和审慎的,尤其是省提督学政。提督学政是地方文化教育之行政官。清初沿明制,设提学御史、提学道,雍正四年(1726年)易为提督学政,每省一人,由朝廷在侍郎、京堂、翰林、科道、部属等进士出身官员中选派,掌全省学校政令和岁、科两试,按期巡历所属各府、厅、州,察师儒优劣、生员勤惰。凡有兴革之事,会总督、巡抚行之。位在巡抚与布政使、按察使之间,三年一任,任内各带原品衔。其办事衙门称提督学院。

此时福建省提督学政是方振。方振，字叶文，号容斋，南昌人，于嘉庆六年（1801年）中式辛酉恩科二甲第六名进士，选庶吉士，散馆授翰林院编修，嘉庆十五年（1810年）以右庶子出督福建学政。

考试结束后，阅卷官对考生的试卷进行认真的阅评并写出评语。吴腾汉的卷单前页写着："拔贡考选者吴腾汉，福建永春州大田县学廪膳生，大田县民籍。"卷单上还写有省提督学政方振和巡抚张师诚各自的批语。提督学政方振的批语是："取。"又批："笔健思清，三艺俱佳。"巡抚张师诚的批语是："中。"又批："文思清通，迥不犹人。"两人的批语之后还有近百字的"总批"。

此后，由福建省提督学政、福建省巡抚和闽浙总督等人共同确定考生名次，吴腾汉排名第一，获"嘉庆癸酉科蒙提学大宗师方振岁取拔元第一名"。

此次考试共有六人作为嘉庆癸酉科福建之拔贡生贡入京师国子监。由省提督学政提交朝廷礼部的《癸酉选拔贡卷》写有六个拔贡生的籍贯、父亲名字、学衔以及他们的受业师、问业师、受知师的姓名。受业师是指就读私塾、书院的老师，问业师是指业余指导学业的学者，受知师是指业余传授知识的官员。始于隋代的科举制，其本意是唯德才是举，但实际上也看重门第家世和师承渊源。

被录取的六人中有一人叫苏履吉，字其旋，号九斋，德化县春美双翰人，生于乾隆四十四年（1779年）七月十三，六岁入塾启蒙，自幼好学，及长工诗，未弱冠进县学，二十二岁补为廪膳生。

嘉庆十八年（1813年）孟冬，提督福建全省学政詹事府左春坊左庶子方振、巡抚福建等处地方提督军务兼理粮饷张师诚、督闽浙等处地方军务兼理粮饷盐课汪志伊一起为吴腾汉题写"拔元"匾额。

就读国子监

嘉庆十九年（1814年）正月中旬，吴腾汉与苏履吉相约一同启程进京。虽说省里的选取拔贡考试十分严格，所选出的拔贡个个学富五车、才高八斗，但按惯例他们还要参加两个月后在京师举行的复试。

吴腾汉和苏履吉到京师后即着手准备拔贡之复试。

三年一度的会试共举行三场，每场考试为三天，而拔贡之复试则简单得多，考试时间为一天，考试内容包括四书文、五经文和策论等。

通过复试，绝大部分考生被准为拔贡，极少数"荒谬者"被行以褫革，其所在省的提督学政等亦将受到责罚。不过，已准为拔贡的人也并非人人都能临监读书，要取得入监读书资格，还必须在国子监主持的"考到"中考取一、二等成绩才行。

吴腾汉和苏履吉的复试成绩都是优秀等次，参加"考到"的成绩也均为一等，他们双双取得了进国子监临监修业的资格。

国子监由晋代的国子学发展而来，唐代以后国子监几经变化。宋初仅设国子监，学生名额甚少，且只收七品以上官员子弟。而宋代太学则形成一套比较完整的学制，从八品以下官员子弟和平民的优秀子弟中招收。宋代太学仍为最高学府，隶国子监。到明代国子监兼教育管理机关和最高学府两种性质。洪武十七年（1384年）国子监生员"凡数千人，学舍不能容"，乃是当时世界上最大的学府之一。国子监一般学制三年，另外有历事（实习）一年。从清初开始，国子监又取代太学，成为国家唯一的最高学府，职权范围已大大缩小。

国子监坐落在京师成贤街，该街东起雍和宫街，西至安定门内，是京师知名的牌楼街。成贤街为元朝大都旧街，当时的太学设在此处，明朝开始为孔庙和国子监。

街上共有四块牌楼，街东西两头的牌楼是街牌楼，题名"成贤街"；国子监大门两侧另有两块牌楼，题名"国子监"，以示对国家重要学府的尊崇。牌楼的东西两侧路边均有下马石碑，上面用满、汉、蒙、藏、回、托忒六种文字雕刻着"官员人等，至此下马"八个大字。乾隆皇帝赞其"京师为首善之区，而国子监为首善之地"。

国子监作为全国最高学府，设祭酒满、汉各一人，司业满、蒙、汉各一人，职在总理监务、执掌教令。博士满、汉各一人，助教满十六人、蒙八人、汉六人，学正汉四人，学录汉两人，职在教诲。典籍汉一人，掌书籍碑版。典簿满、汉各一人，掌文牍事务。从雍正三年（1725年）起，更置管理监事大臣一人，不拘满、汉，地位在祭酒、司业之上。

　　国子监生员来源共两类：一为贡生，二为监生。监生指非考试进入国子监读书的人，有四类。一是恩监。恩监是指出于皇帝特别恩赐取得入监读书资格者。二是荫监。凡凭借先世余荫而进入国子监读书者，称为荫监或荫生，它有恩荫、难荫、特荫之区别。三是优监。由附学生选入国子监读书者称为优监。四是例监。凡由廪膳生、增广生、附学生报捐贡生入监者，称例贡；由俊秀报捐监生者，称例监。

　　在监读书的贡生和监生分内外班，内班住监，每年发给膏火费（蜡烛、灯油费）若干；外班不住监，每年也发给一定数额的膏火费。朝廷每年拨给国子监白银数千两，充做开课时之膳食费，余下的用于补助有困难的学员。

　　贡生和监生分置六堂读书，每堂皆有定额。初为每堂内班二十五人，外班二十人，六堂合计二百七十人；乾隆以后为每堂内班三十人，外班仍二十人，六堂合计三百人。

　　由于六堂名额有限，取得入监资格者还要等待六堂出现空额时才能真正进入监内读书，名为补班。不入监的贡生和监生仍保留国子监生员身份，享受膏火费和伙食费以外的一切待遇。

　　来得早不如来得巧，吴腾汉和苏履吉取得临监修业的资格后，没过多久便顺利进入国子监就读。苏履吉被分在一堂，吴腾汉被分在三堂，两人虽然不同堂，但一样都属于内班。

在监学生学制因身份不同而不同，如恩贡为六个月；岁贡为八个月；副贡原为廪膳生者六个月，原为增广生、附学生者八个月；拔贡原为廪膳生者十四个月，原为增广生、附学生者十六个月；例监从捐纳之日起计算为三十六个月；恩荫监生二十四个月；难荫监生六个月。雍正五年（1727年）后略有改动，凡监生都以三十六个月为期，其中闰月亦计为一个月。在监期间告假、丧假、考劣、记过等占去的时间皆要扣除计算。如果告假按期返回，或逾期返回而有原籍官府证明有正当理由者，不扣除日月，前后通算。

吴腾汉进入国子监读书后，他的名字也正式进入礼部和吏部的《癸酉拔贡册》。吏部的文选司下设求贤科、开设科、升调科、册库、题稿房。求贤科存有清初以来的进士册和拔贡册等，册内记录了各科进士、拔贡等的姓名、籍贯、名次及授官情况。建立和保存拔贡册，可了解各科拔贡的升迁和计俸等情况。

拜访名医

因为学过医，给人看过病，吴腾汉内心十分羡慕京师里的御医，他曾无数次做梦梦见御医，有时还梦见自己就是御医，三天两头给皇帝和皇宫里的皇亲国戚们治病。在吴腾汉看来，御医是十分神圣、高不可攀的，他这一辈子除了做梦，不可能有机会去接近和认识他们。然而，考取拔贡给了他实现梦想的机会。

进京师前吴腾汉就想，到了京师后不管最终能不能进入国子监读书，他都要想尽一切办法去太医院见一见御医们。到了京师，在国子监就读的一年多时间里，他利用课余时间去过几次太医院。

太医院地处天安门前的钦天监南边，礼部正东。太医院为古代医疗机构名称，继承于隋唐的太医署、宋朝的太医局，始设于金代。元、明及清初均设太医院，但与太医署、太医局不同，它已成为医疗保健机构，服务于皇帝、皇室以及朝廷官员等少数人。

明成祖朱棣定都北京之初，利用旧有官舍作为各衙门办事的处所，但多散处城区，杂然无序。明正统七年

（1442年）四月，始在大明门（即大清门，位于正阳门内）东侧新建多处官署，太医院署也在这里修建。清廷定都北京后，太医院仍设于此。

太医院有三个大门，均面向西，对面是照壁，有写着"太医院"三字的朱色立额。大门前为门役的住房。署内有大堂五间，其中一间悬挂着康熙御赐院判黄运诗："神圣岂能再，调方最近情。存诚慎药性，仁术尽平生。"大堂左侧有南厅三间，是御医办公的处所。大堂右侧是北厅，后面是先医庙，门称"棂星"，内门称"咸济"，殿名"景惠"，南向，殿内供奉着伏羲、神农、黄帝的塑像，有康熙御书"永济群生"匾额。先医庙外北向者为药王庙。太医院之所以设在这里，是因为附近衙署较多，且距紫禁城很近，便于为皇室及官员看病。太医院除院使、院判人数较为固定外，御医、吏目、医士等人数历朝添裁不定。

太医院隶属于礼部，它除了诊病治病以外，还负责医书的修撰。由太医院判吴谦总修而成的《医宗金鉴》一书，自乾隆始作为医学教科书，以后一直沿用。太医院对中医分科呈递减趋势，清初沿用明朝十一科，即大方脉、小方脉、伤寒、妇人、疮疡、针灸、眼科、口齿、咽喉、正骨和痘疹。嘉庆二年（1797年）减至九科，嘉庆六年（1801年）再减至八科。

太医院实行四季考试制度，凡交月课之医士、恩粮生、肄业生统由堂官面考二艺。正式考题多用《医宗金鉴》《伤寒论》《金匮要略》，间用《内经》《难经》。每到寅、申年，太医院院使、院判会同礼部堂官共同主持会考。除御医免考外，吏目以下者均一律参加会考。遇有上一级空缺，太医院查核后奏咨补用。考取一、二等者，如无处分事故，按名依次拟补；三等者，照旧供职，暂停升转；四等者，罚停会考一次；不列等者，革职留院效力，下届仍准入考。

吴腾汉见过几回御医，发觉他们中的大多数人身上都有一股傲气，偶尔与他们打个招呼聊上三言两语尚可，想与他们沟通交流，或想从他们身上学点东西，简直就是骆驼想进鸡窝——门都没有。

有个叫王焕辉的同窗知道吴腾汉曾当过郎中给人看过病，很想拜师学医，便对他说："都说高手在民间，真正医术高明的郎中不一定就在京师的太医院呢。"他告诉吴腾汉，他是直隶省玉田县人，有个老乡叫王清任，早年在老家行医，如今在京师开设医馆"知一堂"行医。王清任医术十分高明，可谓是药到病除，妙手回春。这位同窗还说，王清任不但医术高明，而且医者仁心，心地也十分善良，想请他给指点一二绝对不是问题。

有一天，吴腾汉和王焕辉吃完晚饭后一起去"知一堂"找王清任。

王清任，玉田县人，自幼习武，曾为武庠生，捐得千总衔。王清任受祖上行医影响，二十岁弃武习医，数年后便誉满玉田。乾隆年间，王清任在家乡河东村开药铺时，还乡河上仅有一渡桥。是"官桥官渡"进行勒索，还是

"善桥善渡"以行善？此事引起讼端。王清任力主"善桥善渡"。开庭审理时，王清任据理力争，义正辞严，气得知县几次摘去官帽。王清任还当庭对知县说："我跪的是大清的律法，不是为你下跪。"因为触怒了知县，王清任不得不离开家乡，到滦县稻地镇以及辽宁奉天（今沈阳）等地行医。

王清任三十几岁时，到京师设立医馆"知一堂"。他不为前人所困，用药独到，尤其善用黄芪等药，治愈了不少疑难病症，成了京师的名医。

王清任读了大量的医籍，他在临床实践中，深感中医在解剖学上的不足，提出了"夫业医诊病，当先明脏腑"的观点。

嘉庆二年（1797年）四月上旬，王清任至滦县稻地镇行医时，适逢流行"温疹痢症"，每日死小孩百余。王清任冒着染病之险，一连十几天解剖并详细对照研究了三十多具小孩尸体。他与古医书所绘的脏腑图相比较，发现古医书中的记载多不相合。嘉庆四年（1799年）六月，王清任在辽宁奉天行医时，听说有一女犯即将被处以剐刑（肢体割碎），他为了消除对古医书所说"小儿五脏六腑，成而未全"的怀疑，特意赶赴刑场仔细观察，发现成人与小孩的脏腑结构大致相同。他又去京师等地多次观察尸体，明确了横隔膜是人体内脏上下的分界线。王清任还多次做"以畜较之，遂喂遂杀"的动物解剖实验。

吴腾汉和王焕辉来到"知一堂"门前。王焕辉发现堂门虚掩，便推开门，然后与吴腾汉一同进入。此时，王清任正一人坐着泡茶，见有人到访，忙起身打招呼。"王拔贡，多时没来，今日怎有空到此？"发现老乡带了个陌生人，王清任便问："他是你的同窗好友？"王焕辉点了点头，笑着说："名医果然不一般，辨人身份都能'一针见血'。"

知道来的两人均为拔贡，王清任说，他虽然不是贡生，但他曾祖王凝机是贡生。说完，他又补充道："吾曾祖乃是岁贡而非拔贡，他因不肯投充，而设药肆托于医。"当得知吴腾汉对医药兴致甚浓，造诣颇深，此前曾间或行医多年，王清任的话题便行急转弯："古人曰：既不能为良相，愿为良医。他们认为当良医容易当良相难，我说不然。治国之良相，世代皆有；而既行医又著书立说之良医，无一是全人。之所以无全人，盖因前人创著医书，有脏腑之误，后人遵行立论，病本先失；病本既失，纵有绣虎雕龙之笔，裁云补月之能，病情与脏腑绝不相符，此乃医道无全人之由来也。"

吴腾汉听之，觉得十分新鲜和富有见地，他睁大眼，点了点头。

王清任接着说："业医诊病，当先明脏腑。尝阅古人脏腑之论及所绘之图，立言处处自相矛盾。如古人论脾胃，脾属土，土主静而不宜动，脾动则不安。既云脾动不安，何得下文又言脾闻声则动，动则磨胃化食，脾不动，则食不化？论脾之动静，其错误如是。"

王清任围绕该话题说了许多，吴腾汉听得十分认真和仔细。

吴腾汉向王清任请教如何诊治天花。王清任说，虽然他没把主要精力花在治天花上，但对天花的治疗亦有自己的一些见解，付诸临床效果不错。他认为，前驱发热时可用桑菊饮加减；发疹初期，可用升麻葛根汤加减；形成脓疱时，可用沙参麦冬汤加减。他还说，桑菊饮主要药物除了桑叶、菊花、杏仁、连翘、薄荷、桔梗、甘草等，还要根据患者病情进行调整；升麻葛根汤的主要药物是升麻、生甘草、连翘壳、炙僵蚕、粉葛根、苦桔梗、金银花等十二味，治疗时亦要结合实际，不可生搬硬套。

吴腾汉此前曾潜心天花病因及治疗方法的研究，自然有不少心得。听完王清任这一番话后，他觉得自己所掌握的治疗方法与王清任所说的并没有太多的勾连，但可以考虑兼容并蓄，或许这么做会有出其不意的效果。

一个多时辰后，吴腾汉和王焕辉起身告辞，离开"知一堂"回国子监。

到陕西候任知县

朝廷规定，拔贡学习期满经考试合格的可以充任京官、知县或教职。考取一等的任七品京官，二等的任知县，三等的任教职，三等以下的"废贡"回家。吴腾汉在国子监就读十四个月后"临监肄业"，于嘉庆二十年（1815年）经考试获得二等，被吏部铨选为知县，后经掣签派往陕西省候任。

苏履吉考取拔贡前也是廪膳生，他在国子监读书时长一样为十四个月，经考试亦为二等，掣签至甘肃省候任知县。

吏部选授迁除官吏的"掣签法"始自明代。明万历二十二年（1594年），吏部尚书孙丕扬为避免宦官请托，创立掣签法，以竹签预写所选机构地区及姓名等，杂置筒中，大选急选，皆由其人自掣。清沿用此制，外省官员分散任用，由吏部主持掣签分发各省。

中国古代官员的任用，北魏时采用停年格此办法，以为官的年资长短作为选拔标准。唐代设长名榜，行循资格之法，对任官资格有更加详细的规定。至明万历年间，采用掣签授官,即通过抽签来决定某人授予某地某缺。

到了明崇祯年间,皇帝励精图治,废掣签法,倡保举法,以官员保荐为选官依凭。但保举的口子一开,请托贿赂之风卷土重来,以金钱、人情上位的官员寡廉鲜耻,成了贪官污吏的后备军,各地吏治糜烂不堪。崇祯皇帝无奈只得再行掣签法,规定无论险地和肥缺,均由竹签决定。

清朝沿用掣签法。因缺有肥瘦,地有远近,朝廷规定,外省官员分散任用,概由吏部掣签分发各省,以示公平。《钦定大清会典》规定:"凡月选京官郎中以下、外官道府以下,均分双单月选补,审其资格,核其班次,书签弥封,令应选人亲掣。"同时还规定,官员不能在原籍地所在省做官。如此做法的好处是可以避免人情的牵扯,弊端是对当地情形不了解。

朝廷根据官员的身份、官职的重要程度,采用不同的选任方式。文官选任方式一般有特授、开列、拣授、推授、留授、调授、选授和考授等,其中选授即由吏部进行铨选,选任对象为中下级文官官缺。吏部每月开选一次,所以称月选。双月叫大选,单月叫急选。每次铨选时,在京的官员要到吏部验明职务,在外任职的官员要把自己任职履历投到吏部,然后通过掣签决定任哪个职位。月选京官六百个左右,月选外官四千个上下,这数千个官缺都在月选中通过掣签产生,职位均为中下级文官职位。

清初是在午门外进行掣签,后来改为九品以上的官员在天安门外掣签,候补官员及初授未入流各官在吏部衙门掣签。掣签当日，参与掣签的官员从东长安门进入，于天安门外东廊等候掣签。天安门外东廊放置矮几，地面铺上红毡，官员席地而坐。负责掣签环节的官员有满、汉尚书二人，侍郎、选司诸郎以及笔帖式也参与其中。掣签分为"名签""缺签"两个签筒，名签筒置于大堂案前，缺签筒放置在掣桌之上。先唱名签，即念出参与掣签的某官员名字，后掣缺签，即掣出授予该官员的官缺。

为了保证掣签的公平公正，掣签前朝廷会指派高官到现场监督。

掣签结束后，尽管吴腾汉对掣签结果留有遗憾，但心里还是非常高兴与激动，毕竟这"候任知县"不是轻易就可以得到的。数天后，他带着满腔的热情，带着对未来的美好憧憬，离开京师到陕西西安。

吴腾汉掣签陕西候任，意味着他的就职之事已经由京师吏部转移到了陕西地方，往后仕途诸事均掌握在西安城里的陕西巡抚和陕甘总督等人手中。他们对吴腾汉来说无疑是十分重要的；而吴腾汉与他们，由于地位悬殊等诸多原因，总觉得是那么陌生与高不可攀。

朝廷规定，候补知县以及其他候补人员均无薪俸，候任期间的所有费用均由自己解决。这对于有些人来说是小事一桩，而对于吴腾汉来说则是个棘手的问题。初到西安，吴腾汉认为可能等候一段时间后就能上任，所以心情不错，不料等了数月，打探了多次消息，总是悻悻而归。带的银两已经所剩不多了，他的内心愈发焦急。

在等待过程中，吴腾汉也听说和了解了不少事情。知县的具体人选来自多个门路和多种渠道，有直接优先安排的，有候补上任的，也有县丞等提拔的。二甲进士为榜下即用之知县，巡抚和总督要优先任用他们。翰林院三年一次吐故纳新，称为"散馆"，这些散出来的人被称为"老虎班"，更受优待，去吏部掣签后就可直接去补缺上任。至于补缺的县份，既需要他人关照也看个人运气。

还有一些人也被安排去当知县。举人三次会试不中，由王公大臣在吏部分班传见，每班十人，录取八人，录取的这些人须仪容端正、口齿清楚，他们经掣签分发到各省去当知县，而剩下的一些老、病、瘸、驼等则请回原籍。因战争有功之文人，由军中最高长官向皇上保举，也派为知县。捐班出身的，也就是向朝廷捐若干助饷银的，朝廷亦给予候补知县资格，去吏部掣签。

知县的任用也有严格的规定。首先是"别流品"，即官员必须出身清白，凡皂、隶、娼、优子孙均不准入仕；其次是"观声音"，即必须品貌端正，言谈流利，身体健康。此外，还有"核事故""论资考""验文凭"等等。当然，规定是一码事，实行又是另一码事。

此时全国共有一千五百四十九个县，大省有近百个县，小省有几十个县，知县的总数不算少，但因为有那么多掣签来的"即任知县"和"候任知县"需要安排，尤其是年前即嘉庆十九年（1814年）正月朝廷复开捐官例，有不少县的知县才刚被人"买"走，所以有条件当知县的人就不可能人人都有好运气了。

吴腾汉虽然不曾涉足官场，但他心里明白，在供求关系上若出现供大于求，那么种种问题就会接踵而至。此情况之下，大权在握的官员有受贿之心和贪腐之举，似乎也属于平常之事了。"掣签的本身是非常公平和公正的，但场景由朝廷转换到陕西西安之后，这里的高官们清正廉洁吗？我吴腾汉仍能得到公平公正的对待吗？"吴腾汉最关心和最揪心的就是这个事。

时间长了，听到和了解到的事情多了，吴腾汉的顾虑和担心也随之增多。没能较快补缺者，有机会去临时代理知县，但朝廷规定代理的时间最多不得超过一年。吴腾汉思前想后认为即使能得到这代理知县的机会，也并不适合他，更何况要得到它并非易事。

吴腾汉因家庭经济困难，拿不出钱财去疏通关系，加上主观上也不愿意去做奉承阿谀、巴结权贵之事，所以他在西安时间虽长，也只是多次去督抚衙门打听问询，不曾做过别的什么。这期间，为了支付食宿等费用，吴腾汉还通过在西安城内外给人看病治病获得些许收入。

在西安待了一年，好等歹等均等不来好消息，加上十分牵挂远在千里之外的家人，最后他决定先回老家一趟。走之前，他对熟悉和关心他的人说："我还会回来继续等候的。"吴腾汉边给人看病边赶路，两个多月后回到了大田漈头老家。

第三章

DI SAN ZHANG

经营木材生意

吴腾汉考取拔贡并到京师国子监读书后,他在老家漈头开设的书馆就转给了他的一个朋友(县学生员间互称朋友,生员称童生为小友)。这位朋友是文江文经人,也姓吴,比吴腾汉小两岁,他接手书馆后,诸事均料理得中规中矩,书馆学生数不但没比以前少,还多出几个来。

吴腾汉回到漈头后,得知朋友接手的书馆一切运转正常,学生及家长反映不错,心里甚是高兴。这个朋友考虑到吴腾汉回家后暂无他事,便建议两人一起干,但吴腾汉没有接受此建议。"你开得好好的,干吗非要让我插上一手?"吴腾汉对这位朋友说。

吴腾汉考取拔贡且是"拔元",如今又是陕西的候任知县,自然得到了许多人的羡慕与尊重。他考取拔贡前是廪膳生,享有每月六斗米的待遇,但六斗米远远不够,为了养家糊口,他还得去找份工作干。好在他习医多年,已经掌握了相当丰富的医学知识,同时也积累了不少的临床经验,完全可以凭借自己的能力去当一个为乡民救死扶伤的郎中。

不久，吴腾汉身背药箱、手摇药铃当郎中去了。然而因为吴腾汉做人本分，收费低，当了一年多的郎中后，所赚的银子也只够家里的日常开销，没有多少剩余。"这样下去，我到什么时候才能攒够去陕西候任的路费和食宿费呢？"吴腾汉有点担心。他的一个族亲对他说："依我看，你就不要再当郎中给人治病了。郎中当然是一个很好的职业，它对于一般人来说，是连想都不敢多想的事，但它并不适合你。你跟别人不一样，你是拔元，是全省第一，你不能辜负了自己的聪明才智，不能辜负了族人及村里人对你的期望，你应该想方设法当知县。当知县是光宗耀祖的事，当知县能让你全族的人都感到脸上有光，你一定不能放弃，一定不能半途而废……"

这位族亲的话还没说完，另一位族亲便抢去了话题："俗话说，杀鸡都要先撒一把米。从古至今，没有特殊背景和门路的，又没能考上状元、进士的，有谁想当官不要别人帮忙？有谁叫人帮忙不要花银子？其实，对你来说，这银子花得也值，它只是暂时支出，以后还是能数倍数十倍甚至数百倍地拿回来的……你需要的不仅仅是去陕西的路费和食宿费，你还要带上足够的银子去疏通关系，去打点该打点的人，所以，你必须去赚够这些银子。而想赚够这些银子，自然不是你摇摇药铃把把脉，或者开个书馆教个书就能到手的……你应该去冒个险，应该好好地去赌一把。"

吴腾汉是漈头人，自然知道这位族亲所说的冒险和

"赌一把"是何意思。

潦头村及附近一带山高林密,森林资源特别丰富。俗话说:"靠山吃山,靠海吃海。"这里虽然没有海,却傍着一条号称大田第一大河的文江河,河水流经尤溪、闽江,最终汇入东海。因为木材多,又有文江河穿过附近的德州、沧州等村,这一带有贩运木头做木材生意的传统。

潦头村以及附近一带的许多村民,每逢冬闲时节便纷纷上山伐木,待木头干了之后将木头就近扛到设在文江河两岸的收购点,把木头卖给经营木材生意的人。次年春天雨季来临,河水上涨,便是放排的最好时机。生意人组织人员将堆积如山的木头分期分批搬至河边,然后将木头钉成一架架木排,再由放排工将木排放往文江河下游,经尤溪、闽江直达福州等地。

做此生意很赚钱,但前提是不发生意外;而发生排毁排散或排毁人亡等意外,又是经常会遇到的。所以,想通过做此生意赚大钱的人其实也是在进行一场胜算不大的赌博。

听到两位族亲说的话,吴腾汉想了很多。他经过十几年的寒窗苦读已获取功名,离知县只有一步之遥了,自然不会轻易放弃。他心里清楚,若是在家里坐等消息,恐怕一辈子也等不到任何消息;如果只是带足路费和食宿费去西安,一直守候在西安,也一样等不来好消息。"这都是僧多粥少惹的祸"。吴腾汉不止一次地这么想。

那么,要怎么做才能赚到钱呢?吴腾汉又想到了族亲说的话。他想去冒险，想狠狠地去赌一把。他把自己的想法告诉妻子并征求妻子的意见，妻子听后没说啥，带着香烛纸钱等去了寺庙，去时满腹忧虑，回来时却满脸欣喜。"观音菩萨说，你可以去做木材生意，你以后会赚很多很多银子。"吴腾汉本来也是将信将疑或压根就不信，可听妻子这么一说，他似乎看到了希望。"那就按照观音菩萨的意思去做吧。"他对妻子说。

因为自己是生手和门外汉，吴腾汉只能跟着别人学。

是年秋天，一个做木材生意的族亲说愿分给吴腾汉一半股份，并事先说好贩卖木材所赚到的钱两人平分。族亲不拿吴腾汉当外人，把几十年积累的生意经验、门路以及人脉关系都毫不保留地给了他。吴腾汉是聪明人，在较短时间内就入了门道，逐渐地学会生意场上的一些操作。

吴腾汉跟随放排工放了几次木排。虽然在销售地也遇到过诸如官商勾结、欺行霸市等情况，但最终他们还是赚了不少银子。这位族亲见吴腾汉已经具备了单独操作的能力，便提议两人分开干。"这样做，你能赚到更多的银子。"族亲的关爱之心溢于言表。

吴腾汉感觉自己就像是一头尚未断奶的小猪，对族亲仍有一种难以割舍的依赖心理。他对单干有不少顾虑，很想再跟族亲一段时间，但发觉这族亲分手之意已决，加上自己也确实想多赚些银子，便没再说什么了。

血本无归

秋收前吴腾汉就着手准备卖木材的事情。因为是自立门户，缺少资金，他开始向亲朋好友筹措。之后因为资金缺口仍较大，他又以相当高的利息向村外的一有钱人借贷了好些银两。

资金基本到位不久，秋收也结束了，之后他开始到邻近各村收购木材。收购的木材绝大多数是杉木，松木和杂木极少。收购木材的办法很多，吴腾汉主要采取这两种做法：一是到山场去看成片树林，测算并谈妥总价钱（包括扛木头到指定地点的工钱）后先付定金，其余的则在指定地点点验木材后一次性付清；二是在河边现场看货论价，收购附近各村的非批量木头。

春节后的一两个月时间里，文江河各主要河段两岸的木材堆成一座座小山。这些木头虽然大小和长短不一，且分属于不同的生意人，但它们的作用和去向大致相同。吴腾汉收购的木材量较多，被分放在三个地点。吴腾汉此前参与过放木排的全过程，对于如何做好放木排各个环节的工作虽说不上了如指掌，但起码心中有数。

雨季来临前，吴腾汉请来放排工把他的木头钉成了一架架木排。钉木排也是个技术活，首先要把长短一样和大小基本相同的十根左右的木头并排码好，然后用一根十分坚硬的红花檵木横在木排的前端，再用骑马钉将木头牢牢地固定在红花檵木上。木排后端可用熏烤过的口径在一寸左右的小杉木条来固定，也可用藤条和竹篾捆扎。木排要由同种木材钉在一起，不能混搭，否则会由于木头曲直不一、重量不一等原因造成木头间互相撞击而散排。每节木排宽度一丈多，长度一般为两丈左右，以五节为一架，四架为一批。节与节之间的首尾要齐整，并用骑马钉加以固定。每架由两个放排工负责放运，一个掌排头，一个撑排尾。每批木头放运时，放排工们都要带上不少干粮，同时还要在木排上放一个简易炉灶煮饭煮菜。

由于文江河沧州段下游有部分河段河道弯曲狭窄，水流湍急，需要放排工有非常过硬的技术，同时还要时刻保持小心谨慎，否则就可能造成木排失控，导致木材散开被急流冲走；人也可能随之跌落河中，甚至因无法自救而丧命。

木排进入闽江后，虽然江面宽，江水较和缓，发生险情的可能性较小，但因为各路汇集来的木排多，过往的船只多，也不能麻痹大意，否则就可能发生木排相撞或撞上船只而造成损失。木排到福州等地靠岸后，排工们的任务算是完成了。此时会拥来一群小孩子，他们跳到木排上忙着剥"柴皮"，之后将一捆捆柴皮背回家去。这些柴皮晒干后可用来烧火做饭。孩子们剥柴皮不但不挨骂,还会得到放排工尤其是主人的鼓励与支持,因为买木材的商人更喜欢被剥得干干净净的木头。

放排工们上岸前会随手带上沿途所用的撑杆,上岸后把撑杆头部的铁套子取下,然后将撑杆卖给附近的居民做晒衣杆。一根撑杆一般可以换来一两顿饭钱,这可谓是放排工们的额外收入。放排结束后,他们会在福州城或其他地方做短暂停留,之后才翻山越岭一两百里回老家。

吴腾汉在做木材生意前,便有人给他说了关于放木排的一些事,善意提醒他,以引起他的特别注意。有一位老人说,这文江河既是放运木排的水路,也是不少商客来往和货物运输的水上通道,从古至今,由于河水喜怒无常,有相当多的放排工生命被葬送在这河里;同时也发生了不少翻船事故,导致人员死亡和货物损失。

这老人还说,数十年前他有一个堂叔砍伐了自家的一片树林,之后将木头钉成多架木排,准备通过水路运往福州一带。为了多赚点钱,堂叔没请别人,就和儿子一起放排,他站排头,儿子站排尾。当木排到达尤溪一个水流湍急的河段时,他只顾着在排头掌握方向,没顾及其他。过了一会儿,当他回望站在排尾的儿子时,却发现排尾没人,原来他儿子已经掉入河中,再也没有上来了。"因为独子死了,他家的灶头火也就黑了……一黑到底了。"老人不无伤心地对吴腾汉说。

由于放木排是一种高危的行当,本地及附近一带便流传着"有一合米吃,也不去放排""教子教孙也不能以放排为生""放排是把生命系在裤腰带上的活"这样的说法。放木排过程中的酸甜苦辣,只有放排工心里最清楚。

然而,由于没有更好的就业门路,漈头村及附近一带的不少青壮年迫于生计还是选择了放木排这一行当。不少家庭的男人出去放排后,家中的妻儿父母天天提心吊胆,许多人还常到庙里烧香,祈求菩萨保佑自己的亲人能平安回来。

当然,放排工也有快乐的时候。放一次木排,就能赚到一些银子,能维持相当长一段时间的家庭生活。再说,沿途青山绿水,空气清新,风光秀美,置身其间有一种"山在水中走,水向山间流"的美好感觉;当木排进入宽阔的江面,来到了城镇和城市时,更有一种豁然开朗的"突围感"。

而且,由于干此活辛苦劳累,主人不但会让排工们吃饱,还尽可能地让他们吃得好些。沿途每天至少有一餐荤腥,到达目的地卖出木材后,主人还会让排工们好好地吃喝一顿。所以不少放排工虽然途中没少遭遇险情,没少担惊受怕,但还是舍不得放弃放排工这个活。

没过多久,天终于下雨了。放排之前,吴腾汉在妻子的催促下与其一起去了一趟观音菩萨庙,祈求观音菩萨保佑他和排工们一路平安,赚上一大笔钱。

雨不停地下,河水持续上涨。雨后第二天,吴腾汉与请来的放排工分三组从三个地点开始出发。过了沧州到达璞溪河段时，他们结成了一个长队。"我吴腾汉的所有赌注全压在这批木头上了，拜托大家一定要小心再小心，谨慎再谨慎，严防意外事故发生，让这批木材顺利到达福州。你们放心，我吴腾汉赚到钱后，绝对不会亏待大家。"

放排工都是本村或邻村人，对吴腾汉知根知底，他们对吴腾汉说的话深信不疑。"你赚了钱当然不能亏待我们，更重要的是，等你当上了知县以后，一定要替我们说话，替我们打气撑腰，替我们撑面子长面子，做我们的大靠山。"一个放排工半认真半玩笑地对吴腾汉说。

说话间，天突然下起了雨。

木排出了文江河进入尤溪河后，雨越下越大，河水猛涨，水流变得十分湍急。"注意，大家一定要十分注意。"看到河水如此凶猛，吴腾汉的心悬了起来。"糟糕！水流太急，这木排已经不听使唤了。"走在最前面的放排工大声喊道。说话间，木排的排头已经撞到了岸边凸出的一块巨石，排身随之发生横梗。之后，急速而来的所有木排都受到撞击而脱节散架，一根根木头像脱缰的野马一样横冲直撞，四分五裂，放排工也纷纷跌落洪水中。

吴腾汉落水后呛了一口，之后他抓住一根木头划往岸边。此时，吴腾汉已经顾不上别的，他大声喊道："不要去管木头了！人要紧，人命要紧！"放排工们的水性都不错，他们在落水后沉着冷静，先潜入水底，避开横冲直撞的木头后才试探地钻出水面。他们相互照看了一下之后，没有马上离开河面，因为各自都惦记着已经被洪水冲到前面去的那些木头。

听吴腾汉这么一喊,他们才陆续游到岸边。

到了岸边,大家才发现少了一个叫苏逢新的放排工。"我刚才看到他的头部被木头撞了一下……可能是受伤太重,被洪水冲走了。"一个放排工认真地回忆了一下刚才的情景,对大家说。听他这么一说,大家不约而同地一边盯着河面,一边沿着岸边奋力向前奔跑,想追上去救苏逢新。可跑了一阵,他们就不得不停下来了,因为前面河道狭窄,两边是悬崖峭壁,无路可走。

吴腾汉怔怔地看着前方的河面,看着飞溅的浪花和猛打着旋涡的洪水,他知道苏逢新再也回不来了;自己所投下的血本,连同他那美好的理想和愿望,都跟随苏逢新而去,再也回不来了。

还 债

吴腾汉传

吴腾汉回家后就病倒了,数日卧床不起,滴水不进。妻子见吴腾汉病成这样,也天天以泪洗面,茶饭不思。要是往常,看到吴腾汉这样不吃不喝的,她肯定会在第一时间就去向观音菩萨求救,而这次她没去,也不想去。"菩萨告诉我吴腾汉做木材生意是能够赚很多银子的,可为什么却出了这天塌地陷般的大事呢?"同样的一句话,吴腾汉妻子说了一次又一次。

吴腾汉是郎中,他知道自己所得何病,也知道此病该如何医治,但他不想给自己开药,他不想清醒,害怕清醒,他希望在迷迷糊糊晕晕乎乎中死去,一命归西,一了百了。"出了这么大的事,亏了这么多的银子,又欠了那么多的债,今生今世我肯定是还不了了,既如此,那我还活着干吗呢?"他对妻子说。

然而过了一些天,他的想法变了,他认为每个正常的人都应该有责任感,都要有担当,不能因遇到一些事就一味逃避现实,要直面人生,直面困难和问题,天大的事都要去面对。"只有我不死,债主的债务才能好好去偿还;

也只有我不死，才可能对已经死去的苏逢新家人进行安抚和经济补偿。"吴腾汉心心念念的是这些事。

吴腾汉的病渐渐好了。他病好了之后做的第一件事就是到邻近的璞溪村去找苏逢新的家人。他对死者的妻子说，他现在身无分文，什么事都做不了，但只要他还活着，只要今后的情况有所好转，他一定给死者家庭或多或少的经济补偿。而死者妻子和亲属对吴腾汉的为人多有了解，他们没有任何责怪和抱怨吴腾汉的意思，也从头到尾都没提过补偿的事。

"我吴腾汉只有当郎中的命，不能有其他非分之想。"一段时间后，吴腾汉又重新背起药箱，给人看病治病去了。"欠债还债天经地义，我吴腾汉十年还不了债，二十年三十年也一定要将所有的债还清。"此话吴腾汉对自己说，也对别人说。饱读诗书、满腹经纶的拔元吴腾汉，无缘吃朝廷的俸禄，十分无奈地过上了这种以还清债务为终极目标的生活。

吴腾汉行医两年后就遇上了"改朝换代"的事。其实，这是"只换代，不改朝"。

嘉庆二十五年（1820年）七月二十五，嘉庆皇帝在热河避暑山庄病死，终年六十一岁。嘉庆皇帝临死前，召御前大臣赛冲阿、军机大臣托津、总管内务府大臣禧恩等人，公启带在身边的秘密建储匣，宣示御书秘旨，立旻宁为皇太子。嘉庆皇帝驾崩一个多月后，旻宁（道光皇帝）在紫禁城内继承了皇位，同时确定1821年为道光元年。

嘉庆时代结束了，道光时代开始了。

"其实我们都有点生不逢时……希望新登基的道光皇帝能给我们带来好运气，能给我们带来光明和新的希望。"吴腾汉得悉消息后对身边人说。吴腾汉生于乾隆年间，经历了嘉庆时期，此时又迎来了道光年代。"别看我吴腾汉才四十出头，好歹也是三朝元老了。"吴腾汉常和年龄比他小的人开玩笑。

吴腾汉读书多，见识多，为人好，人缘好，大家很喜欢听他讲国之大事以及"外面的世界"如何精彩。其实，由于吴腾汉长时间待在漈头，他能了解到的国之大事也十分有限。

道光皇帝三十九岁继承皇位。此时的军机大臣托津已经六十六岁，戴均元等大臣也已高龄。他们虽然能力有限，却经常倚老卖老，对新皇帝缺乏应有的尊重。在登基大典举行后的第十天，道光皇帝抓住机会，成功地撤换了"领班者"军机大臣等人。

道光皇帝登基以来所做何事，吴腾汉知之不多，但有一点他十分清楚和深有体会，就是关于《康熙字典》的事。

吴腾汉曾对村里的几个读书人说，道光皇帝和嘉庆皇帝可能都算是因循守旧之皇帝，但道光皇帝毕竟比嘉庆皇帝多了点改革精神和说实话的勇气。他说：我们读书人所用的《康熙字典》，恭维者都说它无一错误，直到乾隆时期王锡侯在《字贯》里才指出一部分，但最后他惨遭文字狱。嘉庆皇帝一味地维护和包庇，但道光皇帝敢于冲破传统观念，纠正了《康熙字典》中存在的许多错误。

道光皇帝在位十三年时，吴腾汉已五十三岁。

匆匆流逝的岁月让吴腾汉在不知不觉中老了许多；好在他终于还清了十几年前那有如天文数字般的债务。有道是"无官一身轻"，而吴腾汉的切身体会是无债一身轻。还清了所有的债务后，吴腾汉感觉又回到了以前那种精神状态。

探访同科拔贡苏履吉

吴腾汉传

道光十四年（1834年），吴腾汉同科拔贡苏履吉丁忧归梓。依祖宗例，朝廷命官在位期间若父母去世，无论此人任何官何职，从得知家中丧事的那一天起，必须辞官回老家，为父母守孝二十七个月。

苏履吉回老家丁忧期间不可外出，但可以在家接待亲朋好友。当得知吴腾汉候任陕西知县无果，如今尚在大田老家以行医为生后，苏履吉当即决定捎个口信给他，请他在方便时到双翰一叙。吴腾汉得到口信后，即前往德化春美之双翰村。

梅山与春美虽各属一县，相隔却不算远。

吴腾汉从漈头一路往南，一边给人看病一边赶路，两天便到达春美之双翰村。春美地处德化西部，与大田相邻，双翰村位于春美之东南部。村里的一百多户人家分别居住在桂智、鲤中、茶竹坑、彭竹埯、正墘、上坪、龙垅仔等十余个自然村。

吴腾汉在村口遇到一个年轻人，这人得知吴腾汉是来找苏履吉的，便给他当向导，介绍村里的一些情况。他说，双翰原名常安，因该村此前出了两位翰林，才将常安改称双翰。双翰村位于群山环抱中的一个小盆地，这里草木葱茏，鸟语花香，风光独特，堪称"世外桃源"。数百年前，逃避战乱而择居于此的苏氏先人，或许正是看中了这里的山水胜景。

这个年轻人说，村里一个名叫"杉树格"的地方有两棵大杉树，十分引人注目。村里年代较久远的建筑除了苏氏宗祠外，还有一座始建于元泰定三年（1326年）供奉着"忠烈侯王"苏十万的福德宫，以及一座历经数百年岁月风雨的廊桥广济桥。

广济桥是德化到大田必经之路桥，始建于明代嘉靖元年（1522年），桥长七丈多，宽一丈多，通道两旁设有座椅，北侧中间处有一神龛。桥上斗拱分五层计一百六十一斗，两端各有六层纵横交错的垫木，桥身外侧有重叠两层的雨披。该桥的工艺十分精湛。

这个年轻人将吴腾汉带到苏履吉家门前后便忙自己的事去了。

苏履吉在这里出生长大。他虽出身书香人家，自小受过良好教育，但由于其父非官宦之辈且辞世较早，他一直没有机会出仕，只得在家乡亦耕亦读。后来，他与吴腾汉一样开设书馆当塾师。

苏履吉与吴腾汉同为嘉庆乙酉科拔贡，但他比吴腾汉幸运，掣签甘肃候任知县后，于嘉庆二十年（1815年）初冬即被委任为甘肃省庆阳县知县。后历任崇信、敦煌等地知县，兼署贵德等地司马，升安西直隶州正堂，署哈密府（今新疆维吾尔自治区辖）正堂。至此次归家丁忧，已在任二十年，足迹踏遍甘肃等地。他所到之处，恤民惠政，善析冤狱，乐育人才，被称为"神君"，尤为陇西人民所称颂。

苏履吉在家乡亦耕亦读的经历和家族世代坚守的家风，让他深谙百姓疾苦，始终亲民爱民。"为政不在言多，须息息从省身克己而出；当官务持大体，思事事皆民生国计所关。"这是苏履吉的为官之道。苏履吉秉公执法，不阿权贵，把百姓利益挂在心头，办案主张慎狱慎刑，办事唯求公正，刑罚唯秉科律，忌徇情枉法。

苏履吉在履职地注重发展文教事业，倡建书院，编修志书，捐资助学，甚至还亲自授课。他任职敦煌期间，带头捐资重修了鸣沙书院，并撰写《重修鸣沙书院碑记》，此外又置义学多处。道光十年（1830年），苏履吉主持重修《敦煌县志》，该志书稿完成后，苏履吉还捐出自己的养廉银作为雕版刊印之费用。苏履吉在敦煌任职时间长，所办实事多，为敦煌教育和文化的发展做出了很大的贡献。

吴腾汉与苏履吉见面，乃是久别之重逢，自然有诉不完的衷肠。

他们吃过午饭后继续聊天，直到太阳西斜时，苏履吉才提议并带吴腾汉到村中的苏家祖祠等处走走看看。途中，吴腾汉想起了为他放木排而身亡的璞溪人苏逢新。吴腾汉曾听苏逢新说过，梅山璞溪的苏氏始祖苏清润就是明末清初从德化春美双翰村迁去的。

吴腾汉还想起上午带路的年轻人所说的福德宫以及宫里供奉的"忠烈侯王"苏十万。吴腾汉虽不姓苏,却对苏十万多有耳闻,于是他问苏履吉:"抗元英雄苏十万也是德化人,你与他是否同祖同宗?你对他的情况是否了解不少?"

苏履吉得知吴腾汉了解苏十万并且对他挺感兴趣,心里甚是高兴,于是一边走路一边滔滔不绝地说起来。苏履吉说,他与苏十万同为德化苏氏先祖之后裔,苏十万是苏奉礼之十二世孙。苏氏自北宋淳化五年(994年)肇基德化后,以礼义廉耻为宗族立身行己之根本,诗书传家,几百年来人文兴盛,贤良辈出,涌现出北宋礼部尚书、朝请大夫苏奉礼,太中大夫、光禄大夫苏钦,官拜朝奉大夫、民称廉吏的苏洸,宋朝理学名儒、国师校书郎苏总龟,南宋殿前都指挥使苏十万等不少名留史册的清官廉吏,铸就了"诗书礼乐八进士,五世簪缨是苏家"的辉煌族史。

苏履吉说,福建苏氏的肇基始祖苏益,唐僖宗光启元年(885年)从河南光州固始县随王潮入闽,任泉州都统领军使,肇基同安葫芦山。苏益生三子,长子苏光谊,太平兴国二年(977年)丁丑科进士,官至节度使。宋淳化初年,苏益辞官回乡,之后他偕兄弟、儿子等,从永春桃林迁德化石城,为苏氏开基德化始祖。苏光谊二子苏奉礼于宋初官拜礼部尚书、兼修国史,受封开国公。苏奉礼十分重视族人的教育,兴文重教,为了规范约束族人的行为，他还着手编撰家规垂训。《奉礼公家规垂训》不仅强调族人要归于"礼义廉耻"，还提出诗书传家、孝敬父母、事奉尊长、正己修德、敦亲睦族等多条具体要求。在良好家风的滋养下，苏氏一族就此兴盛。

宋代石城之苏氏，官居七品以上者达六十多人，可谓贤良辈出、盛极一时。然而如此望族，在宋末几乎惨遭灭族。

苏履吉先祖迁居双翰后，经过数百年的繁衍生息，元气恢复，人文也再次兴盛起来。仅乾隆和道光年间，就出了苏发崐（乾隆十六年进士、翰林院检讨）和苏观茂（道光十四年进士、翰林院待诏）两位翰林。出仕在外的有明崇祯三年（1630年）任广西浔州府守备的苏贤，乾隆年间任广东贵县和顺德知县的苏文明，乾隆年间先后任晋江、台湾、沙县知县的苏调素等人。

吴腾汉随苏履吉看完两座宗祠后，天色已晚。当晚，苏履吉让妻子温了一壶酒，炒了几个菜，与吴腾汉一边吃喝一边聊天。苏履吉说，自嘉庆二十年（1815年）赴甘肃任职到此次回乡丁忧正好二十年，在此期间他时时警醒自己：为民父母官，视民皆赤子；民亦具天良，动以父母比。

看到妻子张淑芳在一边忙着，苏履吉对吴腾汉说，为了替民申冤，在陇西，他甚至让妻子张淑芳扮作罪犯进入大牢，与一女囚同寝共餐，以了解女囚身世及案情。该嫌犯依仗其出身权贵，有恃无恐，为非作歹，苏履吉在掌握了确凿的证据后，一举侦破了"夜半杀夫"之奇案。吴腾汉听后，对张淑芳和苏履吉的敬佩之情油然而生。

看到苏履吉的书房里摆放着许多书，吴腾汉便起身走了进去。苏履吉自幼爱好吟咏，佳作不少，有《怜香杂咏》《纫蕙山房诗草》等诗卷问世。其夫人张淑芳、小妹苏如兰受苏履吉影响，亦作诗甚多。吴腾汉顺手翻阅苏履吉带回的诗集，发现其中有一本名为《友竹山房诗草》，为道光十年所刊印，狄道（今甘肃临洮县）人陆芝田为其作序，序中写道："苏履吉弭节兰皋，请缨青海，再临安息，三至敦煌，业已县号'神君'、民呼'生佛'。"人们对苏履吉的评价，由此可见一斑。

吴腾汉在书房里还看到了苏履吉的诗作《怀族中诸祖伯叔》，诗中写道："为借行资就道难，多蒙赠我上长安。马蹄春色劳鞭策，鹏翮秋风振羽翰。敢道宦途将利达，犹怜家计本贫寒。幸今无负诸公望，尚冀教余作好官。"

苏履吉心怀民生疾苦，爱民甚于爱金银，他赴陇为官后，时刻不忘族中长辈的支持与告诫，时刻牢记一定要当个好官。他历仕边塞二十年，一家人始终过着俭朴的生活，回到家乡双翰后他和家人的生活亦与百姓无异，"妻还知俭亲浇菜，子亦安贫学种瓜"。他在《家居》一诗中感叹："俭朴行其素，贫穷任所安。高堂春昼永，菽水足承欢。"

此次探访苏履吉，给吴腾汉留下了特别深刻的印象。他认为像苏履吉这样的官就是好官。"其实官之样榜无须他处寻觅，德化双翰苏履吉即是。"吴腾汉对村里村外的人都这么说。

揭榜治天花

吴腾汉传

吴腾汉从苏履吉家回到濠头后,想想两人同是癸酉科拔贡,一个已为官二十年,且是人们心目中的好官,可谓功成名就,光宗耀祖;另一个虽已近花甲之年,两鬓斑白,满脸沧桑,却壮志未酬,一事无成。"我吴腾汉成不了好汉壮汉或都属于正常,怎料一不小心却成了个四处奔波、铩羽暴鳞的'流浪汉'……"想到这儿,吴腾汉心里十分气愤与不甘,于是又想到了去陕西候任之事。但此想法刚一冒出,他就毫不客气地把自己给臭骂了一通:"欠下的一屁股债还了十几年才刚还清,眼下除了遮羞连一点多余的布料都买不起,你还想去陕西?你去陕西又能干什么?"

骂是骂了,但想法却像跟屁虫一样,没有离开。于是他退而求其次,想一边行医一边赶路,先去省城福州一趟,到那里的督抚衙门等处去打听打听,或许会有意外之喜。

"去福州能打听到什么消息?陕西又不是福建管的,福州的人怎可能知道那边的事?"村里有一生意人,经常出门，见识较广，得知吴腾汉想去福州打听消息，便这么问他。问完，他又给吴腾汉出谋划策道："你要去就去陕西，而且一定要带上足够的银子……你现在穷，村里谁都清楚，所以我想是不是由谁出面倡议一下，让村里村外、左邻右舍的热心人为你筹集资金，好让你再到陕西一趟，去疏通疏通关系。你若能当上知县，既是你自己的造化，也是咱村里人的骄傲与自豪。"

最终虽没人兴师动众为吴腾汉筹款，但确有几个热心且慷慨之人捐给吴腾汉一些银子，其中包括提此建议的这位生意人。"这些银子就算是你们借给我的，我以后一定会还的。"吴腾汉被感动得热泪盈眶，大声地对他们说。

因为吴腾汉的银子不多，他只能按照自己的想法先去一趟福州。吴腾汉到了福州后，本想去巡抚衙署打听消息，然而一路问询之后却来到了总督衙署，总督衙署也称总督府。

总督衙署的衙役见吴腾汉穿着破旧，不让他进衙署大门。想想凭自己的身份也肯定进不了巡抚衙署大门，吴腾汉便改变主意，来到布政使司衙署门外。让他甚觉奇怪的是，这布政使司衙署大门紧闭，大门附近的行人也十分稀少。这是为何？一打听，原来是布政使司衙署及附近一带，最近天花肆虐，有不少人因染天花而死去。

吴腾汉发现布政使司衙署门一侧贴着一张纸，于是走上前去一看，才知道这是一张张榜求医的告示。从纸张的颜色和墨迹看，告示已经张贴了好些时日，告示的上方写着"张榜求医"四字,下面是一些较小的字:数月来布政使司衙署及邻近一带天花肆虐,患者受医不愈,殒命者不在少数。为挽救患者生命,遏阻天花蔓延,特张榜求医,切盼各地名医迅来揭榜,扬己所长,救人性命于水火。不胜感激。落款是:福建布政使贺长龄。

吴腾汉心里清楚,天花是一种烈性传染病,感染天花后不会马上发作,一般十余天后才会出现初期症状,包括高烧、疲累、头疼、心跳加速及背痛等。二三天后,会有典型的天花红疹明显地分布在脸部、手臂和腿部。发疹的初期还会有淡红的色块随疹子出现。病灶在几天之后开始化脓,七八天后开始结痂,大约二十天后发展成疥癣,然后慢慢剥落。天花患者痊愈后脸上会留有麻子,"天花"由此得名。

天花分为大天花、中天花和小天花。大天花、中天花和小天花的病症完全相同,传染方式也一模一样,它们的区别在于病死率,感染大天花的患者大约百分之二十五的人会死亡,中天花的病死率约为百分之十二,而感染小天花的只有百分之一的人有生命危险。从病死率很高的情况来看,此次流行的应该是大天花。

吴腾汉看到求医告示后,一种行医者的责任感和使命感油然而生。想想之前自学过治天花的医籍,在京城又接受过名医指点,吴腾汉认为自己还是有相当把握治好天花的,于是他上前撕下告示,叩开布政使司衙署大门,急匆匆去找布政使贺长龄。

在贺长龄等人的安排下，吴腾汉认真查看患者的病情，做出诊断并制定了治疗方案，然后用自己所掌握的特殊治疗方法，对布政使司衙署及附近一带的患者逐一进行治疗。不久，患者均被治愈，大家所担心的天花大流行没有发生。

事后，布政使贺长龄不但给了酬劳，还设宴款待吴腾汉，以表谢意。席间吴腾汉诉说了二十年候任知县之苦，贺长龄倾耳细听，并深表同情。

初识林则徐

吴腾汉治好了布政使司衙署及附近一带的天花患者后，贺长龄内心十分感激，很想帮吴腾汉的忙，遗憾的是他与陕西巡抚和陕甘总督等人没有交情。就在宴请吴腾汉后的第二天，贺长龄偶然听说在江苏任巡抚的林则徐日前回福州省亲，尚未回苏。得此消息，贺长龄甚是高兴。

贺长龄知道，林则徐五年前曾任陕西按察使、代理布政使，他的按察使继任者是杨名飏，而杨名飏两年前（1833年）已升任陕西巡抚。林则徐与杨名飏在陕西有过交集，原本就熟悉，如今他们又都身居巡抚高位，同朝为官，彼此关系自是非同寻常，若林则徐肯出面帮忙，那问题也就解决了。

贺长龄是热心肠也是个急性子，他即刻叫人找来吴腾汉，对他说要带他去拜访林则徐。"林则徐与陕西巡抚杨名飏关系不一般，请林则徐出面帮忙我看十有八九能成。"贺长龄将自己的心里话说与吴腾汉听。

贺长龄，乾隆五十年（1785年）生，字耦耕，号西涯，湖南善化（今长沙）人。嘉庆十三年（1808年）进士，选庶吉士，授编修，迁赞善，道光元年任江西南昌知府，后任山东、广西、江苏按察使，江苏、山东布政使，山东巡抚等职。道光十五年（1835年）贺长龄母丧丁忧服阕，补福建布政使。

贺长龄与林则徐是同龄人，又同朝为官二十几年，他对林则徐的情况了如指掌。路上他告诉吴腾汉说，道光七年（1827年）六月，林则徐任陕西按察使、代理布政使，到任一月即调任江宁布政使。等待交接期间，陕南略阳一带发生水灾，于是林则徐遂留陕暂理原职。他赴略阳察看灾情，安置受灾百姓，同时还参与了县城移建相关事宜。道光十年（1830年）秋，林则徐任湖北布政使，他原来的职位由杨名飏接任。路上，贺长龄还向吴腾汉说起林则徐的另外一些情况。贺长龄一边说，一边领着吴腾汉来到了林则徐的住处。

林则徐是巡抚，贺长龄是布政使，他们官职不同，权力大小不一，而品阶却一样都是从二品。林则徐见来者是贺长龄，一边热情地与他打招呼，一边将他和吴腾汉让进屋："贺大人，贺父母官，今天是什么风把你吹到这里啊？"贺长龄微微一笑，回答道："林大人，福州邻海，不乏海风，想必是海风之所为。"

林则徐忙着给贺长龄和吴腾汉泡茶、递茶。贺长龄认真地对林则徐说："林大人，今天我带来的这位姓吴名腾汉，乃闽中大田县人氏，他既是陕西之候任知县，又是个名医，刚揭榜治愈鄙人属下及附近居民之天花患者二十余人。他系嘉庆癸酉科拔贡,掣签陕西候任知县,不料他这一候竟然候了二十年,且至今仍是泥牛入海,音讯全无。今天我带他来,就是想请您出面帮他……"

林则徐听得话,仔细打量了吴腾汉一下,心里想:他已经取得拔贡之功名,同时又能治愈堪称绝症之天花,可谓非同寻常之人,甚至可能是同时拥有"良相"与"良医"之才的能人与高人,这样的人本应尽早派上用场的。如此一想,林则徐对吴腾汉充满了好感。

林则徐问吴腾汉:"你是嘉庆癸酉科拔贡?掣签陕西候任知县?曾去陕西等候和问询过?"吴腾汉听之,很认真地点了点头。林则徐为官数十年,深知官场之复杂,所以为眼前这位年龄比自己还大的"候任知县"没能更早地派上用场觉得可惜。

之后,林则徐对贺长龄和吴腾汉说,陕西巡抚杨名飏是陕西云龙县石门人,乃是能干、实干和有情义之人,他举人出仕,由知县拾阶而上,官至陕西巡抚。林则徐说,他与杨名飏关系素来不错,他非常愿意出面为吴腾汉帮忙。林则徐还特意说:"前不久,杨名飏来信托请我为他一亲戚办事,因该事属于久拖不决之事,且不涉及违法违规,我便很认真地给办妥了。事后杨名飏甚为感激。"

听到林则徐这些话,贺长龄和吴腾汉心里清楚,这一趟他们不会白来。

第四章

DI SI ZHANG

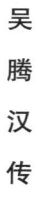

西去陕西

吴腾汉带着林则徐的亲笔信从福州坐船到沧州,再步行回到潦头老家。虽然拿在手上的是林则徐的信而并非朝廷吏部的正式委任文书,但吴腾汉认为此信函分量之大,与委任文书几无区别。

吴腾汉打算在凑够所需费用后立即动身赴陕。亲友及乡亲等人得知吴腾汉要再次赴陕,而此次赴陕十有八九要当上知县,都向吴腾汉表达了祝贺之意,有些人还主动借给吴腾汉一些银两。其中有个叫苏继理的,是故去的放排工苏逢新的侄儿,农闲时经常出门做生意,家庭相当富有。他得知消息后特地来到吴腾汉家,给其锭银十两,说借给的银子不急着还,因为他家一时半会儿还不会用到它。吴腾汉听得此话,内心十分感激。

不到几天,吴腾汉所需的银两已经凑齐。两天后,吴腾汉怀揣林则徐的亲笔信和二十年前由朝廷吏部开具的已经有些泛黄的候任文书,带上堂侄儿吴胜理,从潦头来到大田县城。

吴胜理父亲早亡,母亲改嫁,由祖母抚养长大,祖母于年前得病去世。这年轻人虽然自小就没福分吃好穿好，却长得虎背熊腰，身强体壮，加上他练了一两年武功，身手敏捷，气力不凡，本村及附近一带的年轻人均不敢小觑和招惹他。

大田知县续承（正蓝旗汉军，廪膳生，道光十五年任）初到任时就听说过吴腾汉。他得悉吴腾汉久候而未能当上知县，非但没有表示同情与可惜之意，反倒觉得吴腾汉脑袋不开窍，乃是书呆子一个，所以曾在公开场合拿吴腾汉说事，甚至对他进行冷嘲热讽。而今得知吴腾汉手持江苏巡抚林则徐之亲笔信，认定吴腾汉此次前去陕西必定顺风顺水，大功告成，于是他的态度发生了一百八十度大转变，嘱咐属下请吴腾汉到他府上一叙。

吴腾汉对该知县的为官为人偶有听闻，他本不想去，但想想人家毕竟是知县，便如约而至。

在吴腾汉心目中，该知县与清官相去甚远，而这位知县却自我感觉甚好。他以清官自诩，特地叫人找来几本《官箴》之类的书，送给吴腾汉，恭祝吴腾汉前程远大、步步高升。

吴腾汉身上有盖着朝廷吏部大印的候任知县文书，还有江苏巡抚林则徐的亲笔信，这本来或可充当路引之用，但知县续承建议吴腾汉备上一份由大田县衙署出具的身份证明。

出行都要有出行证明之类的文书。历朝历代对于出行证明的叫法不大一样，有的叫符节，有的叫路引等。先秦时期出行就需要不同的符节，没有符节便出不了城门。之后又有一种出行证明叫过所。"过所至关津以示之。"这里的"关"指陆路上的关隘，而"津"则指水路上的关隘，不论是过关还是过津，路过时都需要出示证明。明朝以来，一般将过路证明称为路引。《大明律》规定："若军民出百里之外不给引者，军以逃军论，民以私渡关津论。"可以看出，不论是平民百姓还是达官贵人，若擅自行出百里路而没有路引，直接被当作犯罪。

福建与陕西分隔两地，路途十分遥远，规划行程和行走路线来不得半点马虎。吴腾汉在向大田衙署相关官员详细咨询后，确定了具体的行进路线：从大田出发到延平府之永安县，从永安县到达汀州府之宁化县，然后从宁化县进入江西省宁都州之石城县。之后从江西进入湖北，再从湖北进入陕西。

吴腾汉虽已年近花甲，但因为是郎中，长期的东奔西忙与走南闯北让他练就了一副好身板。他本想徒步前往，后由于去西安心切，途中也坐过马车、牛车，就是没坐过轿子。没坐轿子的原因一是很费钱，二是坐轿行速慢，远比不上自己行走的速度。

吴腾汉一路上回忆起自己二十余年来的坎坷经历，觉得官场复杂与黑暗，深刻地感受到清官和好官对于百姓和社会的重要。他心里想，若真有机会当官，一定要当一个清官、好官。

吴腾汉随身带的银两不算少，但为了做到有备无患、万无一失，他偶尔还给沿途的病人诊病治病，从中获得些许收入。

经过两个多月的旅途奔波，吴腾汉和堂侄儿吴胜理终于进入陕西省西安城的城门。第二天，吴腾汉手拿林则徐的亲笔信和二十年前吏部开具的候任文书来到陕西巡抚衙署。进得衙门后却被告知说，当日巡抚不在衙内，让他次日再来。第二天吴腾汉终于在巡抚衙署内见到了陕西巡抚杨名飏。

杨名飏见吴腾汉递来的是林则徐的亲笔信，即展信认真阅读，读至一半，赶忙招呼吴腾汉坐下，然后一边阅信一边叫属下给吴腾汉上茶。

杨名飏看了看眼前的吴腾汉，发现他满头银发，满脸皱纹，不无遗憾地说："二十年前之事竟然拖至今日，而且还没个着落，这不能不说是陕西督抚衙署之过错。"之后他对吴腾汉说，关于候补知县事，作为巡抚照说也可以奏请朝廷做出决定，但还是待他与陕甘总督瑚松额通气后再说。

正好此时有下属找杨名飏，吴腾汉见状赶忙告辞，然后回临时住处等消息。

走马上任

第二天，巡抚杨名飏派人将吴腾汉找来。杨名飏见到吴腾汉后说："巡抚衙署人少事多，你从今天开始就先在衙署内听差，协助处理些政务。有什么需要帮忙解决的困难和问题，你都可以提出来，我派人帮你解决。"

吴腾汉看到杨名飏对他这般热情和关心，心里十分感激。他心里想，有巡抚这样位高权重的人出面，我上任的问题一定能够得到解决。

吴腾汉在巡抚衙署听差数月后，即迎来全国各地三年一轮的乡试。巡抚杨名飏通过一段时间的接触，发觉吴腾汉学识渊博，文章写得很有见地，文采飞扬，于是他向乡试的主考官推荐，让吴腾汉参与乡试阅卷。

考试结束后，吴腾汉即与其他人一起阅卷评卷。在此过程中，主考官发现吴腾汉十分认真负责，学识水平甚高，阅卷所题写的评语中肯精辟。主考官很欣赏吴腾汉的才华，见到杨名飏，便特地拿起一试卷在他面前对吴腾汉大加赞赏道："此卷之点评字字珠玑，由此可见阅卷者之真才实学。"

半年后，吴腾汉结束候任，被正式派往陕西省白水县任知县。不久，吴腾汉从西安城徒步来到白水县。

在白水县县丞的主持下，吴腾汉与前任知县进行了官印交接。官印为正方形，上刻有两种文字，满文居左，右行；汉文居右，左行。县丞说，这官印交由吴腾汉指定的专人妥善保管使用，在没有新人接手之前，由原先保管此印的书吏代为保管。

交接后的第二天，吴腾汉让县丞等人陪同到县衙署各部门熟悉情况。白水县人口不多，地盘也不很大，麻雀虽小但五脏俱全，县衙署里的部门设置可谓是一样也不少。

清初以来县衙署沿袭元、明两代建制，由三部分人员组成，即有品阶的官、无品阶的吏以及供差遣的役。知县为正七品，知县的辅佐官为县丞和主簿。县丞为正八品，他设有独立的办公场所，与主簿一起佐理知县，分掌一县之粮马、税收、户籍、巡捕、盐业、水利等事务。主簿为正九品，是知县的佐贰官，他也有属于自己的办公地点，与县丞一起分管粮马、税收、户籍、巡捕等事务，以掌管治安为主。另外还有县学之教谕，其虽非知县佐官，但地位较高，为正八品，负责教育、考试、祭孔等事务，由举人、贡生等担任，直接听命于省提督学政。训导为其佐官，正九品或从八品。以上知县、县丞、主簿等均由吏部铨选，朝廷任命，故称"朝廷命官"。

知县的属官有典史、巡检、课税司大使、河泊所大使、驿丞等等。此外，还有为数相当多的县衙署衙役，他们是办案审案等的具体执行者，同百姓打交道最多。

吴腾汉熟悉了衙署各部门和相关人员之后，还想了解一下白水县的历史情况，于是他叫人找来《白水县志》，认真阅读一番。通过县志了解当地的人文历史、山川风貌以及风俗习惯等，也是每个新上任知县的必修课。

虚心求教

知县的职责是掌管全县赋税征收、决断刑狱、劝农稼穑、赈灾济贫、锄奸除霸、宣教化、掌礼仪、祭孔祭神等等。与老百姓相关的事很多，但在老百姓心里，最直接和最重要的事就是知县断案。

知县大多是进士、举人等读书人出身，他们虽然熟读"四书五经"，满腹经纶，但都缺乏实际工作经验，尤其是对大清律法知之甚少。

事实上，县衙署里除设有固定的机构和人员外，还有知县私人聘请的幕友。这些人或擅长刑律，或能写会算，或深谙官场事务，通常被称为师爷。按其专长又可分为书启师爷、刑名师爷、钱谷师爷等等。师爷无俸禄和工食银，但年终知县会给其束脩，束脩就是上下级、亲戚和朋友之间互相馈赠的一种礼物。

师爷虽然没有官职，却往往能左右知县施政之明暗，为官之清廉。所以清初以来经常有人讲：今之吏治，三种人为之，即幕友、长随、胥吏。师爷师徒相传，没有品阶，和知县是宾朋关系，来去自由。

吴腾汉深知自己的不足，到任前曾找来《钦定大清律例》认真阅读，也掌握了一些律法方面的知识。但他知道，仅凭自己片鳞半爪的律法知识是不能够在公堂上审案的，而且除了律法知识欠缺外，他对办案的流程也缺乏了解。于是他想到了师爷，想起曾当过幕友（师爷）的林则徐。

林则徐乡试中举后初次参加会试名落孙山，后担任厦门海防同知书记，任内他得到汀漳龙道百龄和福建巡抚张师诚的赏识，张师诚招他为幕友。林则徐再次参加会试落第后，依然是张师诚的幕友，直到嘉庆十六年（1811年）林则徐高中二甲第四名进士为止。

想到林则徐，吴腾汉不免对"师爷"这个兼具官方和民间色彩的职位多了几分尊重。

县丞告诉吴腾汉说，前任知县的师爷张智焕对律法和刑案办理颇有研究，可考虑续聘他。吴腾汉听罢，想了想，即让县丞将张智焕找来。这师爷五十岁上下，廪膳生，人聪明，脑瓜好使，但运气较差，屡次乡试均告不中。之后为了生计，他下大力气专攻大清律法，给多任知县当过师爷，数十年来，他不但对大清律法了如指掌，还积累了很丰富的辅佐知县办案的经验。

吴腾汉在家里接待了张智焕。他们俩虽是第一次见面，却一见如故，两人一边喝茶一边聊天，聊得十分投机。

张智焕说，知县作为一县之主，要做的事很多，但领的年俸却不多，就二十九两二钱五分九厘。从乾隆三年

（1736年）开始，朝廷实行养廉银制度，知县的待遇得到很大提高。养廉银与当地赋税等收缴情况挂钩，富庶地区知县的养廉银为年俸的十几倍甚至几十倍，知府是四五十倍，巡抚总督近百倍；而穷的地方，不管是知县还是总督，领到的养廉银少得多。这就是说，在肥缺大县为官日久，无须贪腐，亦可进账很多银两，正所谓"官久自富"是也。

知县的权力很大，县里要花什么钱办什么事等等都由他说了算。地方有头有脸的绅士都想结交县衙署的人，因为县衙署的人尤其是知县，可以为他们撑腰，为他们办事，可以直接间接地给他们带来好处。不过，尽管县衙署官员权力大，但对地方有头有脸的绅士和大户以及那些"地头蛇"也得有联络，以便于推行政令，便于县衙署各项工作的开展。

张智焕说的这些话固然新鲜和重要，却不是吴腾汉此时此刻最想听的，于是他对张智焕说，自己对大清律法知之甚少，对如何审案断案等等更是生疏，请他就这些方面畅所欲言，多加叙述与指导。

张智焕说，白水县不算大，一年下来的案子一般有五十几起：命案近十起，盗窃案十几起，词讼三十几起。民刑案件的审理是分开的，刑事案件一般在大堂审理，民事案件在二堂或三堂审理。在二堂、三堂审案时，知县通常会给原、被告讲一些三纲五常等方面的话，用伦理道德来教育和引导他们，从而达到化解纠纷的目的，故很少用刑。作为知县,既需要有通晓律法、明断是非的过硬本领,更需要有公平公正、不偏不倚的执法理念和职业操守。

大堂是公开审理案件的主要场所,大堂的题联几乎都与审案有关。白水县衙大堂有一副"舶来"的对联曰:"五声虽听,岂能案尽得情,但早决几宗,省却眼前拖累;三尺即严,未必民皆无讼,且从宽一步,免教事后蓄疑。"

张智焕说,作为知县,从上任之日起就要清楚地知道官印的管理和使用诸事。官印虽是权力的象征,但平时并非由知县带在身上,而是由知县指定一书吏专人负责管理,管理和使用官印的书吏必须责任心强且实诚。官印一年多数时间都在用,但到了腊月二十左右便封印停用,因为这之后的一个月时间里除了紧急、重大事件外一般不处理公务。封印期限为一个月,待到次年正月二十前后重新启用。

张智焕又说,县衙署盖印的具体操作细则在《各行事件》中有详细规定。用印时,书吏首先要看知县是否已经在文稿上签上"行"字,若知县已经签上"行"字,即表示认可。其次,书吏还要看文稿是否已经盖上师爷的图章,若文稿没有加盖师爷图章,也不能盖官印。

"总之,一切文牌号票稿,无稿不'行',无'行'不印。"张智焕说。吴腾汉看了一眼张智焕,笑了笑,然后认真地说:"有稿有'行',上面没个师爷的图章,不也是不行吗?"虽然眼前这位师爷对于"师爷"重要性之阐述似乎有点闪烁其词,但吴腾汉心里明白,师爷对于知县而言,是十分重要和不可或缺的。

学说"官话"

上任才几天,吴腾汉就发觉与衙内人员说话聊天时,虽然自己说的话与他们不太一样,说不上交流多顺畅,但至少能让对方听懂自己说话的意思;而出了县衙署大门,若是主动与路人说话,对方总是听得满脸狐疑、满头雾水。

一个当"父母"的不会说也不会听自己"孩子"说的话,这岂不是笑话一个?

吴腾汉认为,自己身为知县,身为辖内百姓的父母官,一定要学会当地方言,否则彼此就会有一种无法消除的隔阂,之间就不能进行很好地沟通与交流,感情就无从建立,知县的职责就会因此而不能履行和落实到位。"别人可以不这么做,但我吴腾汉要在这里当知县,就必须学会这里的方言。"吴腾汉暗自下了决心。

方言复杂是不同方言区域间人际交往和思想感情交流的一大障碍,也是福建被称为"鸟语之乡"的一个根本原因。

吴腾汉行医二十几年,走南闯北,对福建方言复杂所造成的困难和不便有着十分深刻的体会。他先后学过并掌握了三种福建方言,而到了陕西白水县,听到县民们说的话,他对自己能否学会当地方言却没有太大的把握。为了尽快学会,他拜师爷等几个当地人为师,同时要求他们平时说话也一律用方言,好让自己有更好的语言学习环境。学习过程中,他发觉这里的方言与他之前所听过和学过的"官话"较接近,二者可谓是"近亲"关系,若不是有一些拗口的俚语俗语夹杂其间,要学会它似乎不是很难。

吴腾汉二十二年前就听过并学过"官话"。那时他作为拔贡去了京师,并在京师的国子监读书十四个月。他在京师期间很认真地向当地人学"官话",虽最终没能说得字正腔圆,但应付吏部面试还是可以的。然而回到大田老家后,由于没了语言环境,没再说过,加上时间已过了二十余年,原来所学的那些"官话"已不知去向了。

吴腾汉在国子监读了不少书,他知道做官的人都要学会说"官话"。"官话"也称雅言、正音、官音,"官话"对于当官者来说非常重要,否则仕途就会受到影响。唐代吏部选官讲究"身言书判",之后各朝代予以沿袭。

身,就是身材相貌,要求应试者要相貌堂堂或长相清楚,相貌丑陋者是无法通过的。从清初开始,相貌除了身材要相对高大壮实以外,脸形也并不是好看就可以,最理想和最标准的脸形就是"国字脸"。言,就是应试者的言谈举止要得体,回答问题要流利,而且"官话"要讲得好,不能使用方言,甚至乡音太浓的"官话"都是不合格的。书,就是书法,应试者考试时一律用正楷书写答卷,个人的行书和草书写得再好，也不能用。字必须写得漂亮，否则即使文章写得不错也照样要被淘汰。明朝开始，不是所有的正楷都可以，而是要用官方定的标准字体馆阁体。判，就是写判词的水平，也包括对一些问题和一些事物的判断力。要求应试者要熟悉律例和法令，能够对案件的是非曲直做出准确的判断，结案时所写的判词要精彩。

福建等地的人因为不会说或说不好"官话"而受到不公平待遇的例子比比皆是。《明史》第二一七卷有语云："闽人入阁，自杨荣、陈山后，以语言难晓，垂二百年无人。"

明代祝允明《野记》云："是岁进士有林廷美者，闽人，仪貌颇伟，上欲俾近侍，问其贯籍，林以乡音对，上嫌之，乃拟为某京官。林退数步，复召回，曰：'老蛮子也，没若福。'即改为山东某州知州，凡二任。"说的是一个福建人，仪貌颇伟，皇上先是想让他当近侍，但他面圣时却用乡音，皇上嫌弃，拟为京官，但最后还是放了外任。

清初钱秉镫《藏山阁集选辑》之《刘客生詹尹直经筵讲官》云："詹尹辞风宪，承恩备讲员。名因元老重，帝识布衣贤。向北声容正，同官宴赏偏。莫徒遵故事，政本是经筵。"诗中说，刘湘客是明末陕西富平人，黄奇遇是广东揭阳人，因黄奇遇口音难懂，崇祯皇帝留意和看好的是刘湘客。

皇帝和朝廷其实也知道这样对待福建等地的官员缺乏公平与公正。到了清雍正年间，雍正皇帝要求在闽粤设立正音书院，不过正音书院成果不彰，乾隆年间福建的正音书院陆续被裁撤。《清高宗实录》记载："乾隆二年。福建布政使王士任奏，查闽省正音教职之设，于浙江、江西两省就教举贡内，挑选熟悉官话者十二人，咨往福建训迪。但各员俱系外来之人，虽谙官音，不晓土语，师弟问答，彼此捍格，实于正音无益，似应将两省人员撤回。""乾隆十年，礼部议准，福建巡抚周学健疏称，闽省正音书院，原为教习闽人通晓官音而设，但闽省士民甚多，一馆之内，只可容十余人。正音固难遍及，况教习多年，乡音仍旧，徒为虚糜帑项，请裁四门正音书院，责令州县教职，实力劝导，俾通晓官音。从之。"

之后，虽福建各州县学也要求生员要学好官音（官话），但真正说好官音却十分困难，因为学官音也要有条件。士大夫等家庭条件好，从小就开始督导孩子学习，孩子读书时又能接受使用官音教学，而一般的学子则不具备这些条件。所以在福建，像吴腾汉这样的人很多。

通过数月的学习，吴腾汉的陕西方言虽然说得还不地道，但许多当地人都听得懂了。

革故鼎新

吴腾汉上任半年多,就几乎跑遍了白水县的山山水水。他不带仪仗不坐轿,轻装简从,徒步往来,深入全县各地考察,关心群众疾苦,倾听群众呼声,搜集社情民意,全面了解和掌握白水县情。由于吴腾汉深受"见官难"之苦,他上任不久就摒除官场陋习,广开衙门,接待来访群众,衙署面貌焕然一新。吴腾汉在受理民事刑事诉讼时,不避权贵,不徇私情,不轻信一面之词,明察秋毫,公正执法。

此外,吴腾汉还下令免除苛捐杂税,不滥派徭役,切实减轻县民负担。

然而,白水县毕竟不是富庶之地,地方财政收入十分有限,要免除长期以来所实行的苛捐杂税,又不能滥派徭役,势必加重了地方财政的负担。要怎样做才能既减轻县民的负担,又能够保证县衙署各项工作的正常开展?

吴腾汉首先想到了革故鼎新,想到了"消肿"和裁员。他上任后不久,通过调查了解,发现县衙署各部门普遍存在冗员较多、领空饷等问题,同时还存在人浮于事、塞责推诿等官僚作风。"白水县非大县，就九万之众，可以适当减少胥吏和衙役人数。"为慎重起见，吴腾汉对县衙署各部门情况又做了一次深入细致的调查了解。

"天下之治始于县"，县衙署的工作无疑是十分重要的。自秦朝实行郡县制以来，县衙署作为基层政权一直受到历朝历代皇帝和朝廷的重视。县衙署上承朝廷、省、道、府、州，下衔百姓，自上而下的各项政令、法规都要由县衙署向百姓传布推行，赋税徭役等也要靠县衙署来征收和安排，其他如决狱断刑、劝农稼穑、赈灾济贫、锄奸除霸、兴修水利、修桥辅路等，也均在知县的职责范围之内。

雍正三年（1725年），雍正皇帝在给知县的敕谕中特别指出："县令乃亲民之官、吏治之始基也。"因为知县处于国家政权的基层，最接近百姓，所以人们常称知县为"亲民之官"，治下百姓则称其为"父母官"。知县出巡，其仪仗中不能有回避牌，这是朝廷的规定，其意义就在于"与小民朝夕相处，勿使隔绝不通也"。

由于县衙署在皇帝和朝廷的眼里具有举足轻重作用，县衙署的机构设置也日趋规范。朝廷除在《清会典》《吏部处分则例》中对县衙署制定了有关法规条令外，还特别编修了《钦颁州县事宜》，使县衙署行政基本做到有法可依、有章可循。

县衙署设有吏、户、礼、兵、刑、工等六房。知县虽有县丞、主簿两个佐官协助处理公务，而真正办事的却是六房胥吏，他们几乎承担了县衙署所有的具体事务和相应的权力。六房胥吏均没有俸禄和工食银，只能靠微薄的纸笔费、抄写费、饭食费等维持生活。由于没有俸禄和工食银却又握有一定实权，他们便千方百计利用手中权力，索贿受贿，谋取私利，中饱私囊。特别是乾隆后期以来，胥吏擅权已经成为积重难返之弊病，时下流行一句话曰："任你官清似水，难免吏滑如油。"这是对县衙署胥吏的真实写照。

县衙署除了"六房"外，尚设有负责登记收发文件、誊写状榜等公务的收发房；负责管理县属银钱出入的库房，又称账房；专司知县审官司时原、被告应填表格及口供笔录等公务的招房，以及负责管理粮仓的仓房。

白水县衙署与其他县衙署一样设"三班"，即皂班、壮班和快班。"三班"人员和禁卒、门子、仵作、稳婆等统称为衙役，他们服务于县衙署，担负站堂、行刑、拘捕、查赃、催科、征比、解囚等差事。他们虽享有朝廷规定的工食银待遇，但因工食银很少，他们也常凭借手中的权力鱼肉百姓，因而《大清律例》将他们贬为贱籍，其子孙三代不得入仕为官。

皂班，负责知县升堂问案时站班、行刑等差事。白水县衙署共有皂隶二十名，其中为知县听差的十六名，年工食银共八十八两多；为典史听差的四名，年工食银共二十二两多。壮班，承担力差、催科、征比等差事。白水县衙署有民壮四十名，年工食银共二百二十两多。快班，负责缉奸捕盗、破案、解囚等差事。白水县衙署有捕快十六名，年工食银八十八两多。

此外，还有为知县听差的门子两名，年工食银共十一两多；轿伞扇夫七名（不包括由礼房主管的、知县出巡时的仪卫、鼓乐人员），年工食银共三十八两多；为典史听差的门子一名，年工食银五两五钱五分九厘；马夫一名，年工食银五两五钱五分九厘。

在认真调查摸底并征询有关人员的意见之后，吴腾汉决定裁减衙内人员三十五人，其中轿伞扇夫七人全部裁减。通过此次精简人员，每年可节省工食银支出一百九十余两。虽然此举直接节省的费用不多，但对于倡导改变衙门作风、提高工作效率、厉行节约、杜绝铺张浪费等具有重要的现实意义。

大堂审案

吴腾汉因精简人员一事，触犯了不少原衙内人员的利益，得罪了不少人。之后的一两个月时间里，吴腾汉先后遭到当面言语威胁、信件恐吓、身份不明人员暗中袭击等多种手段的报复。尽管如此，吴腾汉不畏强权、秉公办事、一心为民、造福百姓的初衷并没有改变。

听讼审案是知县最重要的工作之一。

县衙署设有刑房，主管全县民事、刑事案件，负责现场勘验、拘传、写刑案公文和治安状况详文、拟差票、放文牍、收贮刑民案件档案等事务。刑房下有管年、狱卒、刽子手、仵作和稳婆。刑房下设招房，负责原告被告表格填写以及口供笔录等，为知县审案和判决提供依据。

吴腾汉上任白水县知县以来，已经在二堂审理过几个案子，涉及户婚、田土、钱债等民事，均属于词讼。这种案子的审理不需要大堂的森严气氛，只要能平息当事人之争就行，所以可在二堂或三堂审理。二堂是吴腾汉的日常办公地点，他除了下基层或其他公干外，几乎每天都在二堂处理日常公务。

此次要在大堂审理的是一桩夫妻联手盗窃案。此案十天前已经预审过一次。原告朱来彩报案称他家有银两等被偷。失窃的当天晚上他在家，大约子时时分，他听到隔壁房间有动静，即起床欲看个究竟。打开房门后发现有一人闪身下了一楼，然后快速与站在大门外的另一人一起逃离。他借着微弱的月光看到，躲在大门外的那个人个头较矮，虽然穿深色男装，戴黑帽，但走路姿势像女人。

另一报案人张以木则说他当晚到朋友家喝酒喝高了，待酒醒时已是下半夜，主人留他住宿，但他不从，执意回家。回家路上遇到一男一女两个人，女的哭哭啼啼在前，男的提个布袋子在后，看样子像是男人陪妻子奔丧回娘家。他觉得这两人行迹可疑，回到家一查看，发觉五两锭银和几样贵重物品不见了。

根据报案人提供的线索，经过一番深入的调查、了解、排查、取证，捕快认为枣树村的贾清松、古爱莲夫妇有重大作案嫌疑，于是将他们带回衙署审讯。

两嫌犯守口如瓶，一言不发。几天后吴腾汉接受典史建议，决定对男嫌犯用刑，在皂班人员的杖和夹棍伺候之下，男嫌犯很快招供说，两个原告失窃的银子和贵重东西都是他和老婆所偷，但所偷的东西最后被两个劫匪劫走了。

"刚偷到东西，东西又即刻被土匪劫走，有这么巧的事？"吴腾汉心里想。负责此案的捕快说，偷盗者为了不退赃或少退赃，总是一步一拐弯，极尽骗赖之能事，不可能那么直截了当全招了，这也是他们惯用的手法。"承认东西是他们偷的,并且已经在供词上画押,剩下的其实就是如何追赃的事了。"捕快又说。

吴腾汉听捕快这么一说,便没太多的顾虑。此时他倒是想起了行刑之事。"刑求口供,其实这也是自古以来所反对的。关于口供,古人就有语云:三木(指板子、夹棍和拶子)之下,何求不得?"吴腾汉认为,行刑之后嫌犯招供画押,主审官凭借嫌犯口供当堂定罪,这样做难免有屈打成招的冤案发生,如《卷席筒》《窦娥冤》的主人公,均是不堪受刑而屈招画押的。"但问题在于,如果真不对贾清松、古爱莲这样的嫌犯采取点措施,他们会轻易招供吗?"吴腾汉心里很矛盾。

吴腾汉在与张智焕和负责此案的捕快耳语了几句之后,决定此案于十日后堂审,并当场进行判决。

因是夫妻联手作案,关注者较多,案件的社会影响较大;又因为吴腾汉还不曾在大堂审过案、亮过相,主观上也想通过公开审理此案让自己有个良好的开端,给大家留下一个较好的印象,所以他决定此案在大堂审理。

"咚,咚,咚",一衙役用力击打堂鼓三声,随即两旁侍立的皂班衙役齐声高喊"升堂——"。

吴腾汉身穿五蟒四爪长袍(补服为紫鸳鸯),胸前挂着朝珠,头戴素金顶红缨帽,从官阁东边进入,坐在公案后的高靠背椅上。公案两旁各有一名亲兵,这是知县的卫兵,他们穿着蓝色的号衣(清军服装),头缠黑布,显得相当的神勇和威武。

吴腾汉看了看官阁前面及两旁,发现人员已经各就各位,准备工作也已经就绪,于是拿起公案上的惊堂木用力一拍,大声喊道:"把被告、原告带上堂。"随即,两个原告和戴着面枷的两个被告被衙役带到大堂官阁前的指定位置。三人当即跪下,一人没下跪,没下跪者为此案原告之一朱来彩,他是县学生员(秀才),可以面对知县作长揖而不下跪。

"威武——威武——威武——"衙役们齐声喊道。

衙役们头戴无顶红缨帽,身着统一服装。其中有一衙役手拿一面小木牌,他是领头带案犯的;站在这个衙役左边的是一位戴高帽、手持红条黑棍的衙役,此人负责喊堂威。

《大清例律》规定,妇女受刑不能打屁股,只可掌嘴,并且只能由女性衙役执行。因被告有一女性,故有女衙役在场,此女衙役被称作"稳婆"。稳婆原是接生婆的意思,后来衙署的女验尸员也被称作稳婆,这稳婆还要兼顾带女嫌犯上堂以及行刑女嫌犯等差事。

大堂内站着很多听审者,当中有原告被告的家人、亲属、朋友,参与该案诉讼的讼师,以及其他相关或不相关的人。因为大堂人多,声音嘈杂,吴腾汉"啪"的一声再次拍下惊堂木,待现场安静下来之后,他才开口说话。

他先作了个开场白,之后才切入正题道:"县衙署'三班'之快班于半月前同日接县学生员朱来彩和县民张以木报案称,他们家当天天亮之前遭盗贼偷盗,家中银两及贵重物品悉数被盗。接报后，快班之捕快多人分两组赶赴现场勘察，并向失窃者家人、邻居及村人等多人了解情况，寻找破案线索。经勘察、问询、排查及综合分析，初步判断盗贼为一男一女，家住枣树村或往东一带。后经进一步调查了解，并有间接证人提供证词，锁定上述一男一女为枣树村之贾清松、古爱莲，两人系夫妻关系。嫌犯到案后，虽先有不配合之举动，但慑于县衙署和大清律法之威严，尚能如实供述自己之所作所为……"

然而，吴腾汉话没说完，被告之一贾清松却一边磕头一边大喊道："知县大老爷，冤枉啊……知县大老爷，我们冤枉啊。"吴腾汉一听此话，虽说之前也想过可能发生此类情况，多少有点心理准备，但还是觉得事情来得太突然、太让人难以接受。

"他们不是都已经招供画押了，怎么说变就变、说不是就不是了？本来还想借审理此案开个好头，这下不知道最后要如何收场了。"吴腾汉皱起眉头，心里一阵紧张。他提醒自己，这里是公堂且是大堂，一定要沉住气，稳住情绪，不能有任何闪失，否则大堂里的人就不是看我审案，而是在看我的笑话了。

吴腾汉认真地看了一眼贾清松，镇定自若地说："被告贾清松，你倒是给我说说，你是怎么被冤枉的。"贾清松是个偷盗老手，他信口雌黄，面不改色心不跳："回禀知县大老爷，原告的东西均不是我和老婆所偷。我老婆已身怀六甲，这时候静躺保胎都来不及，怎么可能半夜三更跑到外面去偷东西?事实是这样的:那天晚上不知何故,我老婆肚子突然痛了起来,痛得直喊救命,我想她可能是要小产了,十分担心……嗨,弄得我一宿没睡。"

贾清松老婆听老公这么一说,赶紧一边摸着自己明显腆出来的肚子,一边说:"我老公说的都是大实话,我已经怀孕五个多月了,你们别不信……谁家的老婆没怀过孕?叫一个腆着大肚子的女人半夜三更黑灯瞎火地到处跑,不流产才怪呢。"

听贾清松夫妇这么一说,再看看贾清松老婆明显凸出的肚子,大部分人都认为被告说的是真话,是捕快冤枉了他们,错把他们当贼给抓来。大堂内先是一阵窃窃私语,之后声音越来越大。"这知县大老爷乃是新官上任,对审案断案没有经验……这就好比一个娃学游泳,不先喝上几口水,怎可能一下子就学会?哈哈哈……""知县大老爷,人家一个孕妇怎可能三更半夜去干那偷东盗西的事?赶紧将他们给放了。"

吴腾汉清楚地听到这些人说的话,但他的心情并没有受到影响。他认真地看了看被告,发现他们虽然被拘押了十多天,但体态、脸色和精神状态并没有发生改变。吴腾汉认为这至少可以说明这样一个问题:他们不是被冤枉的。如果一个人受冤枉而被投入监牢,那么开始时肯定是茶不思饭不想的,过不了几天就会变得脸容憔悴而判若两人。

吴腾汉认为,贾清松之所以膀大腰圆,肤色白皙,额头油光发亮，是平时吃得好又干活少所致；而他老婆古爱莲恰恰也是因为吃得好又少运动，才会腆出个大肚子来。

"女被告的大肚子一定是吃出来的。"吴腾汉想，"如果真的是他们撒谎，实际上这女人并没有怀孕，那事情不就很好办了？"吴腾汉突然想到了一个对付他们的好办法，于是悬着的心瞬间就落下了。

吴腾汉重重地拍了一下惊堂木，问："被告，你们说的话可都是事实？"两个被告一听，认定是知县相信了他们的话，准备终止堂审放他们回家了，于是两人异口同声道："我们说的都是事实，要是有假，我们会遭天打雷劈，我们全家不得好死！"

吴腾汉说："这就好！本官相信你们说的都是实话，不过，得请被告古爱莲配合一下。"吴腾汉随即叫稳婆将女被告带到堂鼓架旁边，又叫衙役搬来一张桌子和两张凳子，然后坐着认真给女被告把脉。把完脉后稳婆将女被告带回原位。看到吴腾汉这么做，大堂内的人都不知道他葫芦里卖的是什么药。"这是何种操作？大堂之上，知县大人竟给女嫌犯把脉诊病？""案情难道可以通过诊脉诊出来？""把被告给冤枉了，自然要压压惊，否则不是很对不起女被告这位准妈妈吗？""其实刚才不是把脉诊病，是借机握手言和。"吴腾汉听到堂内有不少人在议论。

吴腾汉回到座位后，本想再敲一下惊堂木才开口说话，但此时大堂却十分安静，大家都在翘首等待他开口说话。吴腾汉不紧不慢地说："今天是我任知县以来第一次在大堂审案。俗话说'万事开头难',没想到这开头果真很难,堂审才开了个头,我就意识到案子给弄错了。我入仕之前当过郎中,我可以通过把脉得知妇人是否妊娠以及妊娠时间之长短,刚才我通过脉诊,确认被告古爱莲已有数月身孕。一个已有五六个月身孕的女人不能夜间到处乱跑,这是常识,是常理,不容置疑。所以今天我审的这案子实际上是一桩'未遂的冤案错案',在此我郑重地向两位被告赔礼道歉。"

吴腾汉话题一转,继续说:"不过,作为本县知县,我在赔礼道歉的同时还要当堂宣布一个决定:从即日起,两个被告均解除拘押,贾清松可直接回家;古爱莲因之前曾遭受身体和精神双重打击,身体状况堪忧,需要对她进行一些必要的人文和物质关怀,否则就有可能导致流产等意外情况发生。所以从今天起到古爱莲分娩的近四个月时间里,县衙署对古爱莲实行特别的保护,她的吃住等全由衙内女性衙役精心照料和管理。"

吴腾汉特地看了一下两个被告,接着说:"本官之所以这么做,一是表明县衙署及本官知错必改之态度,二是想通过这些人文关怀,让古爱莲和她肚子里的孩子都能安然无恙。"吴腾汉喝了一口水,话中有话地说:"不过,话又说回来,我们这么真心实意地把古爱莲当作孕妇对待,她也一定要争气,不能让我们失望,不能让我们的努力付诸东流,要确保在十月怀胎之后生下个白白胖胖的娃,或男娃,或女娃。"

听完吴腾汉这番话，古爱莲的脸色极难看，她耷拉着脑袋，显得十分无助与绝望。"我肚子里根本就没货，怎么确保生下个娃啊？"她与贾清松不时交换眼神，过了一会儿，她很认真地对吴腾汉说："知县大老爷，我们坦白……我们承认，原告他们丢失的东西统统都是我们偷的，这些东西没有被土匪劫走，都在山上的洞穴里藏着……我这就带你们去。"

出现这种结果，大堂里的人都没有料想到。就在刚才，有不少人还在为吴腾汉着急，为他捏了一把汗；而另些人则幸灾乐祸，在等着看吴腾汉的笑话。那么，情况为什么会发生如此逆转？

原来，吴腾汉在听说古爱莲已经有了数个月的身孕后就表示怀疑，之后他通过对古爱莲进行脉诊，确认古爱莲没有妊娠脉象，这就是说，他们夫妇均在说谎。当贾清松夫妇得知县衙署要将古爱莲"保护"起来直到她生完孩子时，意识到纸包不住火，他们的谎言终被识破，于是两个人都认罪了。

审完这个案子后，那些怀疑吴腾汉审案能力的人，那些受蛊惑对吴腾汉有成见的人，对吴腾汉的看法和态度就明显改变了。"知县这么断案，不能不说是一绝啊。"一时间，县内各地都在议论此事。

试种水稻

吴腾汉初到白水县时,就发现境内不少地方水利失修,土地荒芜,大部分百姓的日子过得很艰难,三餐均是粗粮杂粮,能吃上面食的人很少,至于大米和米饭那更是连看都不曾看过。"这里能不能种植水稻?这里有没有种植过水稻?"吴腾汉想,如果这里能在种植粗粮杂粮的同时也种些水稻,那么百姓就能增加一些粮食收入,不但能吃得饱些而且还会吃得更好些。

有一天,吴腾汉叫来师爷张智焕,向他了解关于白水县是否适宜种植水稻以及是否种植过水稻的情况。张智焕毕竟是师爷,知道的多,对种植水稻等相关情况也了解不少。

张智焕说,秦岭为陕西关中平原与陕南地区的界山,秦岭南北的温度、气候、地形均呈现差异性变化,秦岭成了这里最重要的南北分界线。冬天,秦岭阻挡寒潮往南进入南方地区;夏天,阻挡湿润海风进入北方地区。秦岭、淮河流域是南方多雨和北方干旱之间的过渡地区,从秦岭、淮河附近向北,降雨量急剧减少。陕南的汉中、安康、商洛一带地处秦岭以南,适宜水稻种植,一直有种植水稻的传统。而陕中一带如白水县,虽然地处秦岭以北,雨量较少,气温较低,但也曾种植过水稻。

张智焕说,距今约四千二百年前,水稻栽培已从长江中下游推进到黄河中游,战国时期,由于铁制农具犁的应用,开始走向精耕细作,同时为发展水稻种植兴修了大型水利工程,如河北漳水渠(公元前445年~公元前396年)、四川都江堰(公元前256年)、陕西郑国渠(公元前246年)等。

秦始皇十四岁时下令开郑国渠,目的就是为了让包括白水县在内的陕中地区能有较充足的水源,能更多更好地种植包括水稻在内的农作物。

张智焕说,关于郑国渠的渠道,《史记》《汉书》都记得十分简略,《水经注·沮水注》记得比较详细一些。根据古书记载和后人实地考查,大体上,它位于北山南麓,在泾阳、三原、富平、蒲城、白水等县次级阶地的最高位置,由西向东,落差较大,沿线与冶峪、清峪、浊峪、沮漆(今石川河)等水流相交。将干渠布置在平原北缘较高的位置上,便于穿凿支渠南下,灌溉南面的大片农田。可见当时的设计还是比较合理的,测量技术也已经相当高了。不过泾水是出了名的多沙河流,古人有"泾水一石,其泥数斗"的说法,郑国渠以多沙的泾水为水源,且落差偏小,流速慢,泥沙容易沉积,渠道容易被堵塞,所以,流到白水县的水就比较有限了。

吴腾汉听张智焕如此一说，心里有一种意外之喜。"既然之前都种植过水稻，那咱们不妨再试试，否则，有点对不住秦始皇当年开郑国渠的初衷了。"

于是，吴腾汉派员到陕南等地选购较耐寒的稻种回到白水县，在水源充足的水田试种半亩水稻。

吴腾汉是南方人，生在农村长在农村，自小就干过农活，长大后在农忙季节也要干农活，对于水稻等农作物的生长情况了如指掌。水稻的生长阶段可分为秧苗期、返青期、分蘖期、抽穗期、扬花期、灌浆期等。因为熟知水稻生长的特点，吴腾汉对于水稻种子落地后的育秧、插秧、耕耘、施肥、田间管理诸农活，皆亲自为之。吴腾汉虽然投入了不少的时间和精力，但由于当年气温偏低、雨水偏少等原因，试验稻田的产量偏低，仅收割稻谷百余斤。

尽管如此，此举仍具有相当重要的意义：白水县种植水稻的历史，在中断了数百年之后得以重新开始。

第二年开春前，吴腾汉在总结了此前的成败得失后，先后召集部分地区的一些农户共同商议种植水稻之事。吴腾汉认为，要在充分利用原有水利资源和水利设施的基础上，进一步兴修水利；在此前提下，先在适宜区域种植，然后再向其他区域推进。

此后，吴腾汉带领下属深入县内部分区域，一方面引导农民开垦荒地，扩大种植面积；另一方面，在有河水流经的地方组织和指导大家造水车，开沟渠，引水灌溉农田。同时，吴腾汉还手把手教农民制造和使用种植水稻要用的农具。

两三个月后，看着一丘丘稻田，看到稻田里绿油油的禾苗，吴腾汉以及许多农民都盼望能有个好收成。

不久，吴腾汉陆续听到一些农户的反映，说稻田里长出了一种糟蹋庄稼的"怪物"：它身穿坚硬铠甲，身子多数时候躲在铠甲内，身子前边带有一个可自由闭合的"门窗"，其质地与铠甲类似。外出活动时，它警惕性很高，担心老窝被端，身子只部分离开铠甲，或在水底下游移，或沿禾茎攀爬至中上端，使禾茎因承受不起它的重量而折断。

这"怪物"到底是何方神圣？

吴腾汉带着下属到附近的稻田一看，方知道这"怪物"原来是田螺。这田螺与南方的田螺模样及习性有些不一样。当地人视田螺为怪物，不敢吃田螺肉，为此，吴腾汉以县衙署的名义贴了一个告示说：县衙署高价收购田螺肉干，且有多少收购多少。之后，收购了好多田螺肉干。

不久，田里的田螺不见了，而由县衙署出面收购来的田螺肉干，也被识货者买去当美食吃掉了。

秋收季节到来时，稻田里一片金黄，种植水稻的农户获得了相当好的收成，个个眉飞色舞，喜笑颜开。吴腾汉看在眼里喜在心头。"假如白水县的沟沟壑壑少一些，地势平坦一些，水源充足一些，那么适宜种植水稻的区域就会多一些；如果这样，那就好了。"吴腾汉深有感触地说。

路　遇

吴腾汉传

　　水稻试种获得成功后，吴腾汉经常带着随员到全县各地走村串户，体察乡情民情，希望能找到脱贫解困的其他路子。

　　有一天，吴腾汉下乡时来到了一个名叫富贵亭的村庄，村子不大，住着二百多户人家。据说这村里从来就没出过富户，家家户户都穷得叮当响。手指伸出去都有个长短，村里人为何都一样的受穷？难道村里一个较能干的人都不曾有过？

　　知情者说，其实村里并不是没有能人，也不是没出过个把富裕一点的人家，只是因为绝大多数人家都穷，都嫉妒富人，都打心里不喜欢有谁冒富，所以最终大家明暗结合，偷抢并举，硬是把个别人家的"富"给扼杀在了萌芽状态。

　　其实这仇富心理也不奇怪，什么时候都有，什么地方都有。

　　时序虽已进入冬天，但并非冬闲。可是吴腾汉进了这个村之后，却随处可见一个或几个，既有老人又有青壮年，他们慵慵懒懒地坐在土墩或斜倚在残墙断壁等处晒太阳。他们衣着破烂，目光呆滞，耷拉着脑袋，没有一点点精气神。

"穷就穷在志气上。"吴腾汉心里想，扶贫先扶志，想将"阿斗"们扶起来，首先就要将他们的"志"给扶起来。有志者事竟成，无志呢，什么都不行。吴腾汉知道自己作为知县也有劝农稼穑、教化百姓的职责，但是扶"志"之难，远不是一个知县在一月或数月之内就能够轻易做到的。

吴腾汉和随员在村道上遇到了七八个人，这些人不是缩着脑袋晒太阳，而是一边晒太阳一边聊天。吴腾汉很热情地与他们打招呼，但他们却视而不见。一随员见此，便特意走到吴腾汉前面，然后大声地对这些人介绍说："这位是本县的县太爷吴大人，大家的父母官。"不料他们听后却没当一回事，甚至连看都没多看吴腾汉一眼。"就这几个人徒步而来，连一顶轿子都没有……他还知县？我看顶多是只吱吱乱叫的'知了'吧？"一年轻人故意眼望别处，揶揄道。

坐在年轻人旁边的老人睨了吴腾汉一眼，随口道："哈，要是真的县太爷来了，那起码也是头戴官帽、身着官服，坐四抬官轿，有人在前面鸣锣开道，举着'肃静'牌子……这静悄悄地来，没半点架势和气场，凭什么让咱们相信真来了个县太爷啊？年轻人不知道，我活了六七十年了，见到的县官多了去，怎可能也不知道？"

吴腾汉听老人这么一说，心想百姓对知县的穿着打扮及出行规矩的认知已根深蒂固，其实当知县的有时也应该有个行头、装扮等方面的讲究，否则还真入不了百姓的眼，也让人说不上话。

吴腾汉问："你们怎么有空在这里晒太阳？眼下不是还有好些农活要忙吗？"这话明显是针对几个青壮年男子的，但他们没有回答，刚才说话的那个老人替他们作了回答："忙又有啥用？"

老汉抱怨说，他的祖宗是被人追杀才逃到这么个偏远又贫瘠，连鬼神都不愿光顾的地方来的。他说，因为到处都是沟沟壑壑，种不了庄稼，产下的粮食远不够家人食用，又还要这交粮那交税的，所以有的人索性不种粮了，就这样吃了上顿没下顿地煎熬着。

吴腾汉听了，觉得这老人说的话有点不对。他一路上走了不少地方，那些地方虽然也是沟沟壑壑，但那里的人却是这一窝那一窝地在忙碌着。

吴腾汉因还有事要忙，没顾得上与他们多说便走开了，刚走到村里的一座油坊旁时，看见有两个人在大声地争吵，旁边还围着不少看热闹的人。经了解，争吵的一方是村里的保长，名叫闫培土；另一方也是村里人，名叫闫福禄。

这位保长去过县衙署，见过并认得吴腾汉，而吴腾汉没与这位保长打过交道，并不认识他。但吴腾汉心里清楚，保长闫培土是直接或间接为县衙署做事的。

闫培土看到吴腾汉一行,就像是抓到了救命稻草一样,他朝闫福禄大声喊道:"闫福禄,你不要再吵了,不要再胡搅蛮缠了!咱们白水县的县太爷巡视各地刚好路过这里,咱俩说不清道不明的事就由他来明断吧。"

闫福禄听说来的是县太爷,赶紧一边下跪一边诉说:"县太爷,小民闫福禄,是本村村民,因家里的小孩生病没钱请郎中,刚刚跑了好几里路到隔壁村向我朋友张世旺借来一两碎银……"闫福禄话说一半却突然停了下来,嘟哝了一句:"其实我朋友他并没有借给我银子。"之后他继续说:"回来时因跑得急觉得热,将外衣脱了,脱衣服时不小心将衣袋里的银子给弄丢了,等我走了数十步发觉银子丢了回头去找时,我没有找到银子,就遇到保长闫培土,没遇到其他人,也没看到附近有其他人。县太爷,您说我丢的银子是不是让闫陪土捡了?他捡到银子该不该还给我啊?"

吴腾汉听完,觉得事情并不复杂,但他心里有几个疑问:为何闫福禄说他特地去邻村向朋友借了银子,之后又改口说他朋友并没有借给他银子?他回来时衣袋里若真有一两碎银,那么这银子是哪里来的?是偷的抢的还是另有来路?如果他身上本来没有银子却又硬说有一两碎银,那岂不是讹诈保长闫培土?

吴腾汉觉得必须将此事搞个水落石出,于是他招呼大家都进油坊。吴腾汉进了油坊,将闫福禄拉到一侧小声问:"你不是说去向朋友借银子,那朋友并没有借给你银子，那为何你后来身上却有了一两碎银？"闫福禄一听，也压低声音回话说："我的朋友张世旺对我一向不错，听说我借银子给孩子治病，更是二话没说。可他老婆前几天跟他吵架，还在生他的气，她不同意借银子给我，最后我朋友就偷偷地将他的私房钱一两碎银借给我，并再三嘱咐我千万不要说出去……他老婆的娘家就是咱村的。"听闫福禄这么一说，吴腾汉便清楚了。

油坊门朝南，吴腾汉坐在靠北位置，随员站在两边，油坊俨然成了知县断案的临时公堂。吴腾汉清了清嗓子，大声说："本官乃是体察乡情民情来到这里，并非特意来此审案，但既然遇上了，该审就得审。刚才本官对情况已经做了些了解，认为村民闫福禄所述之事并非杜撰，并非无中生有，所以希望捡到银子的人能迅速将银子交还失主。若是保长闫培土真在路上拾到银子，那他更应该主动将银子还给闫福禄；若是等到搜身才将银子拿出，那自然就是另外一种情形，接受杖刑那是最起码的了。"

吴腾汉一边说，一边注意保长闫培土的一举一动。过了一会儿，吴腾汉令随员对闫培土进行搜身，但搜身无果。"那银子到底去了哪里呢？"吴腾汉一边拉长声音说着，一边离开座位。

此时的吴腾汉似乎只对油坊里的油感兴趣，这儿摸摸那儿看看，还特地提起一大竹筒刚榨出来尚未封盖的菜籽油闻了闻，然后对掌柜说："这油味道好，又是刚榨的，十分新鲜，待会儿我要将这筒油给买回去。"掌柜听了，笑着说："县太爷要油，送您一筒无妨。"吴腾汉一听，连忙一边摆手一边认真地说："这油非常值钱，你只能卖，不能送。"

闫福禄看到吴腾汉撇下正经事不做，却说着买油的事，心里急了，于是大声地对吴腾汉说："县太爷，我家孩子生病急着要去请郎中，您得快点给我断案啊。"吴腾汉听了话，想了想，然后指了指闫福禄，用一种不容置否的语气对身旁的随员说："他家孩子生病没银子请郎中，你先拿一两碎银给他救急，快。"

随员听后当即掏出银袋子给了闫福禄一两碎银。闫福禄接过银子后顾不上别的，拔腿就跑，而吴腾汉却将他叫住："你家远吗？若不远，你就不要急着去请郎中了，我当过郎中，我会治病，我待会儿就去你家免费给你儿子治病。"

闫福禄一听说县太爷会治病，而且要免费给儿子治病，感动得眼泪刷刷往下流。"县太爷，我家就在前面不远处，拐个弯就到。"闫福禄说完话后一边跑，一边又回头再说了句："县太爷，我得先回家去看看我的儿子。"

吴腾汉叫随员将那一大筒刚榨出不久的菜籽油买下。随员一边不大情愿地掏银子，一边对吴腾汉说："老爷，家里不是有好多油吗，那些油可都不比这个差……就是要吃这款菜籽油也有啊，为何大老远到这里来买？这岂不是'见钟不敲要铸钟敲'吗？"吴腾汉指了指油筒，朝这个随员微微一笑，说："这一筒油好啊，值钱啊，若是不买下它，那才真正叫亏大了。"

原来，吴腾汉听到闫福禄说的话之后，就知道闫福禄丢的银子是被闫培土捡到了。但考虑到闫福禄借朋友私房钱的事不能当众说，否则他会被朋友责怪，还可能引起他朋友夫妻间吵闹；同时考虑到闫培土是保长，若是当众戳穿他，让大家知道他身为保长捡到钱却不还，便会毁了他保长的形象和声誉，不利于他今后工作的开展，于是吴腾汉决定对此事进行特别处理，让大事化小小事化了。所以，吴腾汉没有立刻下令对闫培土搜身，而是通过说话暗示将对他进行搜身，让他有时间将身上的一两碎银转移。当吴腾汉看到闫培土将身上的银子悄悄地投进了没有加盖的那筒菜籽油之后，这才下令对闫培土搜身。

因为确切知道一两碎银就在那筒菜籽油里，吴腾汉才叫随员先付给闫福禄碎银，并一定要将那筒"值钱"的油买下。

之后，闫培土出于感激，也出于保长的职责，邀请吴腾汉一行到他家吃饭，等吃了午饭再走。而吴腾汉则说眼下吃饭的事并不重要，最重要的就是到闫福禄家去给他的孩子治病。

侄儿失踪

两年来，吴腾汉在白水县做了不少事，所做之事大都得到了百姓的肯定和称赞。他的声望日隆。吴腾汉是个上进且自律的人，他认为自己做了些事得到了大家的认可之后，不能忘乎所以，要严以律己，百尺竿头更进一步。

吴腾汉的堂侄儿吴胜理这两年来一直在白水县。他父亲早逝，母亲改嫁，由祖母拉扯大，祖母拉扯他长大已十分不易，读书对他来说如水中望月。因为不识字，辨不清书中之东西南北，他来到这里后干不了与读书识字沾边的活。

当知县都是异省就任，好些人没带家属，有的人会带上一两个或几个族人和亲戚朋友里比较优秀的人跟随自己上任，好让相互间有个帮衬和照应。年纪较小的可在知县及同僚的关照下认真读书，年纪较大的可受知县关照进入县衙署谋一份差事。

吴胜理没有别人那样的福分，他离开老家，随堂叔到了西安城后，为了赚取生活费，曾在西安城里的大街上摆了几个月的地摊。吴腾汉来到白水县上任知县后，担心对自己影响不好，迟迟没给吴胜理安排事做。吴胜理对堂叔的做法表示理解，不久，他老调重弹，到县城的南街去摆摊。其间，因破案断案需要，他作为卧底被关进大牢，与一嫌犯同吃同睡两个多月。在这段时间里，吴胜理掌握了该嫌犯的重要犯罪事实，该嫌犯最终被判流刑。吴胜理当完卧底后，继续到南街摆地摊。

之后，有一热心人告诉他说，凭你与知县老太爷的关系，还摆什么地摊？你可以在靠近县衙署的地方开个什么店，一段时间后，因为光顾你店的人多，你的生意就会好起来。为什么会有很多人光顾你的店？不是因为你长得多帅，也不是你店里的东西有多好，是因为你是县老太爷的侄儿，有人想通过你认识和巴结你堂叔。

吴胜理听人这么一说，便有点动心了，不久，他征得堂叔的同意，用自己的积蓄开了一间小小的"胜理杂货铺"，主营烟酒，兼及其他。店开张不久就有了些回头客，之后光顾的客人便逐渐地多了起来。来的顾客中，有的人想让吴胜理直接为自己办事，有的人想通过吴胜理去拜见他堂叔，但更多的人是听说县太爷侄儿开了个店，不时地到这里来走走看看，也顺便买个什么东西。

数月后，杂货铺的生意非常红火。杂货铺开张后，吴胜理应人所求，曾数次出面帮忙，有直接带人去找堂叔的；有给门子打招呼，让门子开后门（即宅门）的；有直接答应下来予以帮忙的。吴腾汉考虑到吴胜理找个事做不容易，况且不久前吴胜理还根据他的安排，作为卧底被打

入大牢，吃了很多苦头，他心里甚是过意不去，所以一开始他相当配合与支持，尽可能地给吴胜理面子。但几个月后，吴腾汉发现吴胜理开的杂货铺实际上都快成了权力和利益交换的"交易所"了。"这种事别人可以做，但我吴腾汉就坚决不做。"吴腾汉认为如果不叫停吴胜理的杂货铺，会对他的声誉和工作产生重要影响，于是"胜理杂货铺"关张了。

吴胜理刚尝到了点甜头就要关门歇业，他的心情自然不好，但在吴腾汉不容置否的要求之下，他也只好将杂货铺转让了。"我会另外给你找个事做。"吴腾汉安抚他说。

吴腾汉首先想让吴胜理去当门子，看守宅门。二堂与大堂由一道院门隔开，这道院门称作宅门，宅门通往内宅，宅门旁边设有门子房，这是门子日夜轮值的处所。知县住所，闲人免进，门子有不让一般人进入宅门以确保知县人身安全的重大职责。门子虽地位低贱，却大多是知县亲信，手中有让不让人"走后门"的特权，故常有人对其行贿。

考虑到看守宅门的门子房也是"是非之地"，吴腾汉最后改变主意，让吴胜理到县衙"三班"之壮班去当衙役。壮班，又称民壮，承担力差、催科（催收租税）、征比等差事。

吴胜理体魄健壮，身手不凡，让他去壮班当衙役，按说也是人尽其才，适得其所，只是"三班"衙役声名历来不好，当此衙役不见得是个好差使。"三班"衙役的声名之所以不好，是因为这些人只享受朝廷规定的很低的工食银，难以养家糊口，他们常凭借手中的一点权力，到处盘剥和鱼肉百姓。

吴胜理去当衙役之前，吴腾汉对他说：因为你不识字没文化，适合你干的活确实不多，而这个壮班衙役虽然适合你，但人们对它的印象却历来不好，你去了之后，一定要洁身自好，不能跟其他人同流合污。你要通过自己的努力，成为"三班"衙役中"出淤泥而不染"般的优秀人物。

尽管衙役的活辛苦而待遇又差，但吴胜理并没有把堂叔的话当耳边风，还是很认真地、尽心尽力地去做。一年过去了，他没有辜负堂叔对他的期望，果然成了个大家交口称誉的好衙役。

有一天晚上，吴腾汉招呼他一起在家里喝点酒聊聊天。吃喝间，吴胜理发觉堂叔心情不错，于是就把平时不太想说的那些事说了出来。"在'三班'衙役中，除了我大概就没有谁是好人了。"吴胜理笑着脸看了堂叔一眼，发现堂叔正在听他说话，于是接着说："当然了，如果您不是我堂叔，我也一样不是什么好人。其实也难怪，一年就五两多的工食银，够干什么？如果不利用手上仅有的那么一点权力去弄点好处，肯定活不好……哈哈，叔叔您有所不知，其实'三班'衙役中不管是哪个班的，他们几乎个个都一肚子坏水，都竭尽所能干坏事。就比如前几天因收不到粮银（田赋）找您戴面枷自罚的那个衙役吧，他戴上面枷之后就一溜烟跑到乡下，然后挨家挨户去催讨粮银。他对谁都哭着说：都是因为你不及时交粮银才遭如此下场，所以你除了交该交的粮银外，还要交点碎银给我作补偿，不然你就对不起我，你就不是个有良心的人。听他这么一哭诉，结果谁家都多给了点粮银，他一下子就讹来了与一年工食银相差无几的银子。"

吴胜理喝了一口酒，继续说："皂班衙役看似最没有油水了，其实也会有人给他们送好处的。打屁股这活儿似乎谁都会，实际上也大有学问。要掌握打屁股的特别本事，就要从打豆腐开始练起，要是能将豆腐打出很响的声音，而豆腐的表面好好的，里面也不碍事，这就算打出水平，也算是掌握了打屁股的绝技了。有的被告料定自己要挨打，事先就给相关的衙役送红包，结果衙役打他屁股时，虽打得很响亮却受伤很轻；对没花钱或不肯花钱的人，因衙役心里头有气，打他时，乍听并没打出什么声音来，好像下手很轻，其实内伤很重。"

吴腾汉一边听，一边在想今后要如何认真严肃地整顿一下县衙署的人员。虽然此前他也听说过衙役们的一些惯常伎俩，但那毕竟是听说的，而自己的堂侄儿所说的这些，就有如他之前当卧底时所掌握和提供的情况一样，都是十分真实可信的。

吴腾汉很感慨地说："皇上和朝廷大臣们都知道县衙署需要更多既有编制又有年俸的人员，却又偏偏不给，而只付给了县衙署自招人员低得可怜的工食银，最终任由他们通过许多不正当的手段和办法去获取灰色收入，从而将本应由朝廷负担的费用转嫁到一些百姓头上。天下之治始于县。皇上和朝廷大臣明知道县衙署离不开这些人，明知道他们也发挥了应有的作用，却又歧视甚至侮辱他们以及他们的后代，将他们贬为贱籍，不许他们子孙三代入仕为官。"

吴胜理没有读书，说不出什么大道理，但听到这话后心里不爽，有感而发道："这就好比一个当父亲的非常需要自家的孩子做事，却又不让他们吃饱，任由他到处偷东西吃，而事后又要当众脱掉孩子的裤衩，羞辱他打他，以表示对不听话孩子的惩戒和教育。"

"吴胜理这比喻非常形象，'既要当婊子，又要立牌坊'其实也是这个意思。"吴腾汉心里想。

吴胜理想了想，说："我们这些衙役领到的工食银真的是太少了，这点收入就只够我吃穿……我还敢想找老婆的事吗？"

吴腾汉听了堂侄儿的话，心里也很矛盾：他希望堂侄儿能多赚些银子，去做他眼下该做的事；但他是知县，要考虑县衙署内外的影响，不能让堂侄儿借光他而得到了不该得的好处，更不能放纵堂侄儿打着他的名号去做聚财敛财的事。如今堂侄儿虽只是壮班一衙役，但也绝不能像别的衙役那样，为了得到钱财，欺上瞒下，为非作歹，坑害百姓；否则，即便是衙役，也不能让他再当下去。

吴胜理似乎猜透了堂叔的心思，他拍着胸脯说："叔叔，您放心，我知道您清正廉洁，是个清官、好官，我会在壮班认真当好衙役，绝对不会动什么歪心思，去做对不起百姓的事，去做有损于您身份和形象的事，请您一定放心。"吴腾汉听得此话，十分开心，他举起酒杯头往后一仰，吞下一杯酒，之后又满满地斟上酒与堂侄儿对干。

山因仙而名，水因龙而灵。在白水县城，吴胜理因有个当知县的堂叔而有很高的知名度。吴胜理去哪里，在什么地方聊过天泡过茶，在哪里上过茅厕等等，都会有人关心和注意，有的人甚至还将此见闻当作新闻一样在某种场合向人发布。吴胜理俨然成了"知名人物"。"这样的人，不好好利用他，那简直就是一种极大的浪费。"吴胜理被一个开钱庄的老板注意上了。

这个老板叫马天凤，黄陵县人，之前是做药材和布匹生意的，后来他听一个开钱庄的亲戚说开钱庄的生意好做，便变现了所有的家底，到这县城开了一家"马氏钱庄"。因为很多人说他的资财不雄厚，实力不够，银子存在他的钱庄风险大，所以他钱庄的生意一直都很冷清。马天凤是个聪明人，脑瓜好使，自从认识了吴胜理以后，经常请吴胜理喝酒，邀吴胜理到他钱庄喝茶聊天，一来二去熟悉了，他就将自己的想法直接告诉了吴胜理：只要你空闲时都到我钱庄来喝喝茶、聊聊天，我每个月给你五两银子。

"一个月就能得到我一年的工食银？"吴胜理听到有这么好的事自然心动，但他认为这不太可能，于是便问马天凤:"我没入股,有空时到你这里来喝茶聊天,你就每月给五两银子?"马天凤拍着胸脯对吴胜理说:"大丈夫一言既出驷马难追!"怕吴胜理仍有所顾虑,他想了想又补充道:"再说,我要是不能兑现诺言,你以后不到我钱庄来便是,也不会亏了什么……你说是不是?"

吴胜理心里清楚,马天凤之所以愿意这么做,就是因为自己有个当白水县知县的堂叔。"他这么做只是巧借东风罢了。我若是利用衙役职便,到处欺压百姓,从中渔利,堂叔他肯定不会饶恕我,而我有空时到这钱庄来坐坐,喝喝茶聊聊天,这应该不成什么问题吧?若这也是问题,那我吃喝拉撒等等哪样不是问题?"

吴胜理没把这事告诉堂叔,就自己做主把这事答应了下来。

之后,吴胜理只要有空便跑到钱庄来。一段时间后,钱庄的生意果然比以前好很多。人们都认为,县太爷的侄儿天天待在钱庄,这钱庄肯定与县太爷有关,否则一直在这里干吗?岂不是吃饱了撑的?因为都说钱庄有县太爷的股份,人们便认为这钱庄实力雄厚,不存在什么风险,于是都将银子存在这家钱庄。

吸储多了,贷出去的自然也多,利息还相对较低;贷款者知道这钱庄与县太爷有关,生怕误了什么事,还贷也更主动及时。如此,钱庄的生意进入了良性循环的快车道。

然而好景不长。"侄儿出面打理,县太爷与人合股开钱庄"的消息不胫而走,终于传进了吴腾汉的耳朵里。吴腾汉得悉后既生气又纳闷："我吴腾汉清白为官，不腐不贪，一来没钱投股钱庄，二来也不会去做这种生意人才做的事；我没投股，吴胜理也不可能投股，那为什么会有人说我合股开钱庄？总不会是有谁背着我给我干股吧？"

吴腾汉想："无风不起浪，这县城里闹得沸沸扬扬的，恐怕与吴胜理有关。"于是他趁一起吃饭时很严肃地问吴胜理："有人说你一有空就往马氏钱庄跑，你实话告诉我：第一，你是不是一有空就往那儿跑？第二，你去那里都干吗了？第三，钱庄老板是不是给了你什么好处？"

吴胜理觉得自己不过是经常到马氏钱庄那里去喝喝茶聊聊天，不曾做过任何出格之事，所以告诉堂叔说，他是经常到马氏钱庄喝茶聊天，但除了喝茶聊天和偶尔喝喝酒外，并没有做过其他任何事情。

至于马氏钱庄老板是否给了什么好处，这个问题吴胜理原先是要如实回答的，但话到嘴边时却临时改变主意，他避重就轻、闪烁其词地对堂叔说：我自己不买茶叶却可以喝到上等好茶，不花银子买酒却可以喝到好酒，诸如此类就是老板给我的好处了。

吴腾汉听完，并没有追根刨底。这些年来他是打心里将堂侄儿当作亲生儿子看待的，但由于种种原因，他并没有真正帮过堂侄儿什么忙，因此他对堂侄儿有一种强烈的亏欠感。

尽管如此，吴腾汉考虑到自己的特殊身份，仍是严肃而认真地对堂侄儿提出了不容辩驳的要求，即从今往后不能再去马氏钱庄。

吴胜理十分了解堂叔,所以对于堂叔所提要求他一点都不觉得意外。他想:虽然堂叔依然是知县,心里头也仍然很关心他,但继续跟着堂叔将来不可能给自己带来太多的好处;要想赚到些银子,要想娶妻生子,要想体现自己的人生价值,要想实现自己的梦想,就只能离开堂叔,到外面去打拼。

不久后的一天上午,吴胜理趁堂叔下乡之机,打点了一下行李,独自离开白水县。离开前,他很想给堂叔留封信说一些心里话,但因为自己不识字,写不了字,只能不告而别了。

第五章

DI WU ZHANG

履 新

吴腾汉传

　　堂侄儿失踪,给吴腾汉带来了很大的精神压力。往常除了公干外出,他与堂侄儿几乎天天都在一起说话聊天,看到堂侄儿,宛若看到家人,宛若看到家乡人,特别是看到堂侄儿强壮、彪悍的模样时,他心里还会多出点安全感。如今,堂侄儿走了,而且又不知道他到底去了哪里,这不免让吴腾汉天天都处于一种思念、牵挂和担心之中。

　　一段时间来,吴腾汉经常在反思:我对堂侄儿的态度及做法对吗?我除了那样对待他,还有没有其他更好的办法与做法?吴腾汉想得很多,而最终他仍然认为,想当个老百姓心目中的清官、好官,就肯定当不了堂侄儿的好堂叔,二者不可兼顾。

　　知县在一地的任期一般是三年,吴腾汉因为得到白水县百姓的拥护和爱戴,任期被延长了两年。吴腾汉为官清廉,不徇私情,不畏强暴,秉公执法,敢作敢当,使白水县民风纯正,社会安宁。他在白水县当了五年的知县后调任洛川知县。得知吴腾汉即将离开,白水县的许多乡绅和百民联名上书挽留,挽留不成,因感念他为白水县所做甚多，政绩卓著，劳苦功高，特地捐资为他建了一座"生禄亭"并立碑，以作纪念。

洛川县位于陕西省中部，地处渭北黄土高原沟壑区，处于乔山与乔山林带之间，北接富县、宜川，南与白水相邻，东靠黄龙山地，西与黄陵、宜君毗邻。作为已有五年知县经历和经验的吴腾汉，此番履新与当年新任白水知县时大不相同，那时他对于县衙署十分陌生；如今虽然异地任职且一切尚未开始，但他对做好洛川县各项工作却充满了信心。

吴腾汉初来洛川，便对洛川县做了比较详细的了解。

洛川县土层深厚，沟壑纵横，果园等举目可见。境内气候较温和，日照充足，昼夜温差大，雨热同季。洛川县的农作物有小麦、玉米、糜谷、高粱、烟叶、油菜籽等；树木种类有油松、侧柏、栎等；特产有苹果和簸箕等。

洛川县虽然人口不算多，但历史上也出了不少影响较大的名人，如贾赐桓、张郁、张文奎、张超、贾构、李宗成、岳行甫、韩瞭、刘琦等。特别引起吴腾汉注意的历史人物有三人，一个是贾构，一个是贾构的同村、曾在福建任职的贾赐桓，另一个是著名书画家李宗成。

贾构，字尔肯，号塾庵，朱牛乡朱牛村人，他先以拔贡任河州学政，乾隆十八年（1753年）参加乡试中举，十年后参加会试中进士，签分湖南，先后任东安、城步知县，后弃官归乡。贾构博览群书，知识渊博，晚年潜心著述，作品有《易经系词解》《屈子意逆》及《汛防志略》等。

　　吴腾汉之所以对贾构特别注意，是因为彼此都属于拔贡入仕。让吴腾汉十分钦佩的是，贾构在拔贡入仕之后，仍一直坚持科考，并先后中举人与进士。而让吴腾汉感到自愧不如的是，在国子监临监读书期满、考取二等掣签陕西候任知县后，他只是一味等候，没能像贾构那样发奋努力，最终高中进士。"假如我能中进士，那么当个知县还需要这样死等苦等二十年吗？"吴腾汉心里想。

　　贾赐桓引起吴腾汉特别注意的原因，一是贾赐桓曾在福建任职，吴腾汉对他有"父母官"一样的亲近感；二是洛川县城的规划和布局与他有关。贾赐桓也是朱牛村人，出生于书香之家，雍正年间以优贡捐教谕，后改任县丞，乾隆五年（1740年）授福建瓯宁县丞，乾隆十年（1745年）调任台湾府诸罗县县丞，任满后升甘肃平凉知县。贾赐桓儿子贾馈，工于建筑，县城移建凤栖的一切规划布局皆由其操作。

　　吴腾汉虽不擅画画，也不善于赏画，但对有一技之长者历来都是心怀敬意的。他对李宗成之好感，缘于李宗成是个著名的画家。

　　李宗成，工山水，在画法上和李成相近（李成是五代、宋初著名山水画家），泼墨润媚，取景幽奇，山林江河，尤为尽善，有《风雨江山拜月图》及四时山水松柏寒林等作品传于世。

　　吴腾汉任洛川知县不久，即接到一姻亲寄来的信。该姻亲在信中说，他所主编的《詹氏族谱》即将编撰完成，想请吴腾汉为该族谱作序。远在陕西，与老家相隔千山万水，见信后思乡之情倍增。吴腾汉认为让他作序，是看得起他，所以不论事务如何繁杂，都不能推辞而让对方失望。于是他挑灯夜战，为《詹氏族谱》写了序言，序言文辞凝练，字迹楷中有隶，工整洒脱，为该族谱增色不少。

吴腾汉在寄《序言》给姻亲时，特地附信告诉他，请他去滦头一趟，具体了解一下堂侄儿吴胜理是否已经回到滦头。事有凑巧，写好的信尚未寄出，就收到了吴胜理请人代写的信，此信是白水县知县转来的。吴胜理在信中说，他离开白水县后，辗转来到了白水县以南的蒲城县县城，先给一个店老板打下手，之后与店老板合开了一家糕点店，现在一切都好，请勿挂念。

"这就好，这样至少比跟着我强。"吴腾汉阅信后，一直悬着的心终于放下了。

为恩人治病

吴腾汉六年前与林则徐在福州见面后不久,林则徐就回江苏了。道光十七年(1837年)正月,林则徐由江苏巡抚升任湖广总督。上任后,面对湖北境内每到夏季大河经常泛滥成灾的实际情况,林则徐采取有力措施,提出"修防兼重",使"江汉数千里长堤,安澜普庆,并支河里堤,亦无一处漫口",对保障江汉沿岸州县的生命财产安全做出了重要的贡献。

道光十八年(1838年)十一月,林则徐受命钦差大臣,入广州查禁鸦片。林则徐先了解掌握广州受鸦片毒害的基本情况,再重点查明各家烟馆,掌握大量的第一手资料。道光十九年(1839年)正月底,林则徐抵广州。二月初四,林则徐会同邓延桢等传讯十三行洋商,责令转交谕帖,命外国鸦片贩子限期缴烟,并保证今后永不夹带鸦片。他还严正声明:"若鸦片一日不绝,本大人一日不回,誓与此事相始终,断无中止之理。"但外商拒绝交出鸦片。经过坚决的斗争,林则徐最终挫败了英国驻华商务监督义律及鸦片贩子,收缴全部鸦片近两万箱,约二百三十七万斤，于四月二十二在虎门海滩上当众销毁。

道光十九年（1839年）三月十八，林则徐发布两个谕贴，三月十九下令禁止外国人离开广州，三月二十一下令包围商馆，三月二十二下令查拿英国鸦片贩子颠地。

林则徐在广州的禁烟功绩，最初得到了道光皇帝的充分肯定。道光十九年（1839年）七月二十八，道光皇帝阅毕林则徐的虎门销烟报告，欣喜万分，誉为："可称大快人心事！"不久，林则徐过五十五岁生日，道光皇帝又亲笔书写"福""寿"二字之大楷横匾，差人送往广州，以示嘉奖。但时隔不久，林则徐所面临的形势又迅速恶化起来。

道光二十年（1840年）六月，英军派舰队封锁珠江口，进攻广州。林则徐严密布防，使英军的进攻未能得逞。英军受阻后沿海岸北上，于七月初五攻占定海，八月初九抵达天津大沽口，威胁北京。这时，道光皇帝惊慌失措，急令直隶总督琦善前去议和；同时命令两江总督伊里布查清英军攻占定海究竟是由于绝其贸易所致，还是由于烧其鸦片所致。

琦善是投降派的骨干，当然不会错过这一陷害和打击林则徐的机会，他声称英国所不满的只是林则徐一人，只要朝廷惩治林则徐，所有问题都可以解决。其间，林则徐两次上奏，大胆陈述禁烟抗英的合理性和正义性，但道光皇帝不予理睬。

道光二十年（1840年）九月二十九，道光皇帝下旨革了林则徐的职,并命令"交部严加议处,来京听候部议"。十月二十五,林则徐又收到吏部文件,通知他暂留广州,等待新任钦差大臣琦善的审问和发落。

道光二十一年(1841年)五月初一,林则徐又接到圣旨:降为四品卿衔,速赴浙江镇海听候谕旨。到镇海后,林则徐积极参与当地的海防建设事宜,力图"戴罪立功"。不久,接替琦善的靖逆将军奕山在率军与英军作战中打了败仗。为了开脱罪责,他竟造谣说英方是愿意议和的,他们恨之入骨的只有林则徐一人。言外之意,就是必须再次惩办林则徐,英方才能罢兵议和。道光皇帝求和心切,便把广州战败的责任再次归罪于林则徐,说他在广州任职时没有积极筹划防务,以致英军发起进攻后,奕山招架不住。五月初十,道光皇帝下旨,革去林则徐四品卿衔,"从重发往新疆伊犁,效力赎罪"。

林则徐抗英有功,却遭投降派诬陷,被道光皇帝革职,他忍辱负重,于道光二十一年(1841年)夏踏上戍途。九月,林则徐在扬州奉旨转赴开封祥符河工地,襄办河工,效力赎罪。从秋至冬在祥符河工地,他积极协助王鼎办理堵口工程。由于治理水患的耽搁,林则徐在道光二十二年(1842年)五月中旬抵达西安。林则徐已年近花甲,在开封堵口工程中积劳成疾,加上戍途奔波,又染上了痢疾,他到西安后卧床不起,只好租赁房子,请假就医。

吴腾汉得知林则徐在西安治病的消息后,即让县丞暂时代理知县职务,同时交代县丞说,若遇有重要之事,务必派人赶往西安告知。第二天，吴腾汉借支五十两银票，带上两个随员，并带上装满了药物的药箱，从洛川一路往南赶到西安。

林则徐是吴腾汉的恩人，林则徐的大恩大德他时刻铭记在心。他在林则徐的关照下到陕西任职后，曾多次写信给林则徐，表达他对林则徐的感激和感恩之心，同时也向他汇报和请教工作上的一些事。林则徐虽然公务繁忙，但见信必回，给了吴腾汉不少的鼓励和支持。后来因林则徐被派往广州查禁鸦片，地址不详，吴腾汉与林则徐的联系中断。再后来，吴腾汉接连听说林则徐被降职、革职和戍边新疆伊犁等消息。两天前，他偶然听说林则徐戍边新疆伊犁途经陕西西安，并听说林则徐身染重疾，此刻正在西安城驻留治病。

在离西安城中心较远的一处民居里，吴腾汉找到了林则徐及他的妻子儿女。"吴腾汉，你是怎么得悉消息的？这大老远的，你还特地赶来这里，太谢谢你了。"林则徐见到吴腾汉，甚觉意外，也十分地高兴与激动，但因为身体十分虚弱，他很费力地坐了一会儿后，重新躺下。"我得病已经多日了，此前家人已就近请来郎中，看了病开了药，也吃了药，身体仍不见明显好转。我方才还在担心自己的身体……"林则徐认真地看着吴腾汉，笑了笑，说："可是，一看到你这'神医'，你这个'七品郎中'来了，老朽的这条命该是有救了。"不待吴腾汉回话，林则徐又说："太医院的御医也不过是七品衔，由此说来，你就是御医，而我就是享受了皇上的特殊待遇了。"

吴腾汉听后，笑了一下，然后认真地说："一个病人的心态好坏至关重要，有林大人您如此之心态，我就放心了……林大人您不要太多虑。"说完话，吴腾汉即坐在床沿给林则徐把脉，之后靠近他，兼之望闻，然后又向他以及他的妻子儿女问询一番。吴腾汉认真想了想之后对林则徐说："林大人您体无他病，只是得了痢疾……不过，痢疾兼有发热、腹痛、腹泻、里急后重、排脓血样便等症状，虽说不是致命之疾，也是十分耗费体力、精力和煎熬人的，尤其是上了年纪的人，要治愈此病，除了吃药阻断病程外，还要慢加调养，从而使损伤之元气得到较好的恢复。"吴腾汉一边说话，一边抓药，之后嘱咐林夫人道："您这就煎药去，煎药时一定要用文火，林大人舌苔发红，有虚火上升之症候。"

林则徐吃了吴腾汉开的药后，次日病情即明显好转。

吴腾汉自昨日见到林则徐后，因林则徐身体状况不好，便一直避开有些话题，不让林则徐受到刺激而加重病情。而今天，因为身体状况明显好转，林则徐则主动与吴腾汉聊了起来。"现如今，我已被削职为民，且是被流放新疆伊犁之'低等平民'，而你是堂堂的七品朝廷命官，照说我见到你是要下跪的。"林则徐一本正经地与吴腾汉开玩笑。吴腾汉听到此话愤愤不平地说："皇上和朝廷怎么可以这样对待您？您吃了那么多的苦，受了那么多的委屈，一心一意为朝廷，却落了个戍边的……"

林则徐见吴腾汉的神情非常激动与愤慨,便"嘘"了一声,示意吴腾汉不要再往下说了。林则徐话中有话地说:"皇上也是人……皇上也不是那么好当的,尤其是面对外侮,……他也有他的苦衷啊。"见吴腾汉欲开口说话,林则徐接着说:"要是我被流放能换来国家和民族的和平与安宁,那我被流放又算得了什么?"

恰在此时,林夫人端来药汤,吴腾汉退至客厅。

翌日,林则徐的病情进一步好转,吴腾汉留下几帖药,便打算回洛川了。启程前,他将随身带的一张银票给了林则徐。"林大人,这是我的一点心意,请您务必收下。眼下您生病治疗调养、租住房子等需要花费很多银两;此去新疆伊犁,路途十分遥远,途中费用甚巨;再加上日后您和家人的日常开销又是一笔很大的支出。林大人,您对我恩重如山,而我也没有什么好报答您的,这点银票您先拿去救急。"

林则徐既没接银票,也没对吴腾汉说什么。他理解吴腾汉此时此刻的心情,也知道他这么做绝非虚情假意。

林则徐知道只有及时补充银两,方能做到未雨绸缪,有备无患。他虽然也想过接受吴腾汉的一片好意,但做人、为官的原则告诉他,不能收这银票。于是他对吴腾汉说:"谢谢你的关心和好意。病痊愈之后我等马上要穿戈壁过大漠去新疆伊犁,这银票带多了不安全,所以你这银票我就不收了,待以后有需要时我才与你联系。"

吴腾汉听林则徐如此一说,认为话在理上,便没再多说什么，只说了一句话："您今后若有困难一定要写信告诉我。"林则徐很认真地点了点头。吴腾汉在与林则徐及其妻子儿女一一告辞后，同两个随员一起回了洛川。之后不久，吴腾汉还派人去过西安一次，给林则徐带了一些土特产，还为林则徐开了几帖调养身体的药。

林则徐在西安治病和调养期间，福州一位姓苏的富户因对林则徐怀有敬仰之情，听说林则徐戍边途中得病并在西安驻留治病调养的消息后，表示愿意捐巨资帮助，但林则徐坚辞不受，后来苏姓富户答应收下林家的房契做抵押，林则徐才接受了他的好意。尽管林则徐被革职而成了一介平民，但他仍心系国家安危。他拜托陕西布政使朱士达把他以前主持刊刻的《炮书》转送给陕西抚标中军参将马辅相，希望能造出新式大炮，以御敌寇。

在西安调养了两个多月后，林则徐的身体已经康复。道光二十二年（1842年）七月初六，林则徐在西安告别了妻子和女儿，带着儿子林聪彝和林拱枢启程继续西行，前往新疆伊犁。

升任知州

道光二十六年（1846年）四月，朝廷授林则徐为陕西巡抚。林则徐到任陕西巡抚后，接连发生了"天灾"与"人祸"。吴腾汉所在的洛川县虽没有旱情，也不像一些地方那样有那么多的"刀客"横行霸道，但因为此前发生了鸦片战争，为解决军费困难，朝廷除调拨走洛川县所收的盐税外，又强令洛川县捐款白银二万两；加上鸦片战争后给英国侵略者的赔款银也摊派到洛川县，年征收白银近一万两，导致县内百姓负担大幅加重。

因为负担加重，各地百姓怨天尤人，满腹牢骚，民告官案件也随之增多。

就在这个时候，吴腾汉接到了新任命：担任鄜州州判。州判与州同均为知州佐官，州同从六品，州判从七品。州同与州判分掌督粮、捕盗、海防、水利诸事。州判，一般由鸿胪寺汉主簿、鸣赞、按察司知事、府经历、县丞等升任。

接到新任命，吴腾汉内心无疑是复杂且难以接受的。他已在两地担任知县，任职期间勤政廉政，政绩突出，口碑颇佳，但为何恩人林则徐到任陕西巡抚后，他却被调离洛川，而且不但没有升迁反而降级使用？"或是我在赋税摊派和催收上存在一些过激行为，引起民怨民愤，最后被人诬告与打击陷害所致。"他想。

吴腾汉不同于其他人，他五十六岁才步入仕途，本来就看淡官场的人与事，只想在有生之年真正为民做点实事办点好事，"既然县民不理解，以为加重负担是本人的原因造成的，那我就不作辩解，顺其自然好了。"如此这般一想，他释怀了。一个月后，他与新到任的知县做了交接，之后便到鄜州担任州判。

鄜州位于陕西中部偏西。西魏废帝三年（554年）改北华州置，治所在杏城。隋大业三年（607年）移治洛交县，改为鄜城郡。唐武德元年（618年）复为鄜州，仍治洛交县（在洛交县城兼设鄜州）。天宝元年（742年）改置洛交郡，乾元元年（758年）复为鄜州，明属延安府。雍正三年（1725年）升为鄜州直隶州，归陕西省布政司直辖，州治为鄜，设州同厅驻黑水寺，州判厅驻黄龙石堡镇，辖洛川、中部、宜君三县。

吴腾汉上任后，恪尽职守，认真做好每一件事，得到知州及许多同僚的赞许和肯定。不久，原知州擢升他地任职，吴腾汉升任鄜州知州。吴腾汉上任不久，林则徐即召见他。吴腾汉这才知道，他由知县转任州判，乃是林则徐之意，并非被县民诬告或其他原因所致。林则徐之所以这么做，一是想让吴腾汉通过当佐贰官，熟悉一下鄜州的情况，锻炼和提升他在督粮、捕盗、水利等方面的能力和水平，为担任知州做准备。二是想借此机会考验一下吴腾汉是否有逆流而上、一心为民的宽大胸襟，以及是否有良好的抗压能力和心理承受能力。

知州相较于知县，确实存在很大的不同。

首先是任职的人选上存在区别。朝廷在铨选和委派官员时，知县的选取范围较广，既可以从现任官员中选拔，也可以在进士、举人、贡生等出身的人中选取，甚至花钱买官的人也有机会受任；而知州的人选，必须是现任官员，尤其是当过知县的现任官员。朝廷对知州有更高的经验和能力要求。

二是知州要处理的事务面更广、量更大。比如，吴腾汉既要对鄜州下辖的洛川、中部、宜君等三县行使行政管理职权，总揽包括朝廷政令发布、除凶惩恶、考核属吏、征收赋税、兴养立教等在内的各项事务，还要审理发生在上述县的大案、要案以及各县往上呈送的上诉案件。与此同时，由于州与府不同，不设附廓县，州治所在地鄜城及附近区域实际上也是一个县（人称鄜城或鄜城县），该区域范围内的所有事务，包括所发生的民刑案件等均由知州亲自处置和审理。所以，知州的工作实际上是包含了两个方面，一是一个州的全盘工作，二是一个县的全盘工作。

三是知州的官阶远高于知县。州分为直隶州和散州两种。直隶州属省直管，知州地位与知府平行，但二者的品阶不同，知府为从四品，知州为正五品；散州隶属于府，知州地位相当于知县,从职权上说,散州知州与知县也相差不大,但官阶明显不同,散州知州为从五品,知县为正七品(即便是京县的知县也只有正六品)。

按照官场规矩,七品知县见了上司都得自称"卑职",而知县以上的官员见到上司自称时,均可不用"卑职"二字。至于出行方面,朝廷规定四品以下官员在地方往来都只能坐四人抬轿,虽各自官阶不一,但之间不能有区别。

不过,这些规矩对吴腾汉并不起作用,他当了知州后,在上司面前仍然自称"卑职",出行也与往常一样,只徒步往来。

按照清朝规制,知县、知州都必须对辖区内的风土人情、地理环境等有深入的了解之后才可推行政务。上任知州后,吴腾汉为了能更好地适应新的工作,认真阅读了《中部县志》《宜君县志》等相关书籍;他还带着下属到中部、宜君等县深入基层,调查研究,走访百姓。

接待客人

吴腾汉上任鄜州知州后不久，下辖的中部县和宜君县出现了多年不遇的旱情。吴腾汉去了灾情较严重的中部县，与该县知县等人一起组织百姓抗旱，待旱情缓解后，他才回到州治地鄜城。

回鄜城的第二天，鄜城（鄜城县）驿丞即向吴腾汉禀报：陕甘总督布彦泰之外甥特地派人告知说，他及朋友一行八九个人到陕西游玩，从南往北一路而来，过几天就要进入鄜州地界，希望鄜州知州及属下知县能"给点面子"。

布彦泰的外甥要来？沿途都这样给驿丞打招呼？布彦泰知道这事吗？他会允许外甥这么做吗？吴腾汉听了驿丞的话，感觉布彦泰这个外甥也太把自己当回事了。

布彦泰的确是陕甘总督，此任命由朝廷于道光二十五年（1845年）做出。但他名为陕甘总督，却一直在新疆伊犁任伊犁将军，陕甘总督一职于同年（1845年）由林则徐署理（代理），林则徐改任陕西巡抚后，陕甘总督由邓廷桢署理。这就是说，布彦泰从任命至今虽然一直都是陕甘总督，但没在陕甘总督位上真正干过。

吴腾汉不认识布彦泰的外甥,但对布彦泰则听林则徐多次说起,林则徐和布彦泰的关系非同一般。因为林则徐有恩于吴腾汉,吴腾汉对林则徐的好友布彦泰也关注较多,且很有好感。

林则徐戍边新疆时,他内心是绝望的,虎门硝烟还历历在目,而转瞬之间国家的大门却已经被西方列强破开。林则徐不为自身的遭遇而自怨自艾,真正让他感到黯然神伤的是从此不能再报效国家。然而他并不知道,落魄和绝望之际,在新疆伊犁却有一个关心和爱护他的人在等待他的到来。

此人就是布彦泰。自从他奉朝廷之命驻守新疆以来,他治下的新疆发生了一系列的变化。尤其是祸乱新疆十多年的张格尔叛乱势力被布彦泰彻底清除出新疆后,他更是得到上至皇帝下至平民的尊重。

身为驻疆长官的布彦泰,他对于林则徐虎门销烟的壮举是十分钦佩的。林则徐到达新疆后,布彦泰以伊犁将军的身份带着礼物亲自登门拜访,两人一见如故,相谈甚欢。布彦泰身为伊犁将军,对于戍边至新疆"戴罪立功"的林则徐有监察之责,但是他对林则徐却非常照顾,经常到林则徐住处探望,和林则徐一起吃饭、喝茶、下棋、聊天,林则徐日常所需的米面和鸡鸭鱼肉等,也都由他专门提供。

布彦泰对林则徐十分信任,他安排林则徐负责管理伊犁将军府及所属官兵的粮饷。之后,朝廷命令布彦泰在原来垦荒的基础上进一步扩大屯田,布彦泰知道林则徐有屯垦和兴修水利方面的丰富经验，又请他协助屯垦和水利工作。林则徐没有辜负布彦泰的信任，积极主动做好各项工作，布彦泰曾多次向道光皇帝进言重新启用林则徐。

不知是巧合还是朝廷有意安排，道光二十五年（1845年）朝廷在任命布彦泰为陕甘总督之后，又让林则徐代理陕甘总督。在新疆伊犁配合默契、交情很深的两个人，在同一年被安排在同一个地方的同一个职位上，一个"务虚"，一个"务实"，一个在伊犁，一个在西安。道光二十六年（1846年），林则徐改任陕西巡抚。

吴腾汉想，布彦泰的外甥一定是知道舅舅与林则徐关系十分密切，才会选择到陕西来游玩的。那么，此次他到陕西来，是否已经到西安找过现任陕西巡抚林则徐了？答案是肯定的。但凭吴腾汉对林则徐的了解，林则徐内心很厌恶这种人，是不可能通过写亲笔信给各地官员打招呼的。既然如此，那我吴腾汉给客人以一般的待遇也就行了。

布彦泰的外甥叫惠东林，他来陕西已经三个多月，先后游历了一二十个县。他带着八九个朋友招摇过市，到哪儿吃哪儿，各个州县官对惠东林均是高规格接待，三天一大宴，两天一小请，且让美女作陪，离开时还不忘给他们送点奇珍异宝。他及朋友这一路玩来，真是把沿途的大小官员折腾得不轻。

惠东林来鄜州之前，邻县一个负责官员迎来送往诸事的驿丞趁微醉之时提醒惠东林说："鄜州我看你们还是绕道别去了，那知州吴腾汉是从洛川知县升任的，他先后在白水和洛川当过知县,是出了名的吝啬鬼。他自己出门从来不坐轿,从来不接受别人宴请,从来不随便去宴请别人。但他爱民如子,看到确实有困难的人,不论是下属还是治下百姓甚至路人,都会给点银子接济,所以大家都说他是个清官、好官。他对百姓很好,对有头有脸有背景的人不一定多好,想让他为你们大把大把撒银子,得到上好的接待,那是……连想都不要去想的事。"

惠东林一听这话,趁着酒醉一拍桌子,十分生气地说:"他敢!虽然我口袋里没有舅舅或其他高官的手谕,但这一路过来,哪个知县、知州和知府怀疑过我的身份,敢不买我的账?哪个不是狠狠砸钱来接待我们?告诉他妈的……吴腾汉,我舅舅是满洲正黄旗人,根正苗红,况且又是现任的陕甘总督,还是掌管整个新疆的伊犁将军,他的亲外甥惠东林来一趟陕西,你敢不给我面子?……你到底想当不想当这个鄜州知州?"

这天下午,吴腾汉正在三堂审理一个宅基地纠纷案。鄜城的驿丞找到吴腾汉,迫不及待地向他禀报说:据驿站驿卒报称,陕甘总督布彦泰外甥带着一行人已经入境,如何接待?请明示,以早做准备。

吴腾汉心里想:这没有什么好大惊小怪的,来就来嘛,安排他们吃住就是了,还要做其他的什么准备?驿丞见吴腾汉并没将此事当作大事要事对待,便说:"启禀大人,此事非小事,据邻县的驿丞说,他们那里的知府都向各县下了口谕,对总督外甥一行必须鼓乐迎送,盛宴款待，且礼物要丰厚。总督外甥莅陕已三月有余，各州县均是百般迎合，咱们可不能怠慢了他啊。"

吴腾汉听了话想了想，即吩咐驿丞转告惠东林：由于公务繁忙，知州抽不出时间亲自为他们接风洗尘，甚是抱歉，接待这事由知州委托驿丞全权代表。末了，吴腾汉还对驿丞强调说，对总督外甥的接待是应该的，但不能违规。

惠东林一行进入鄌城后，看到只有驿丞屁颠屁颠地前来与他套近乎，连个品阶稍高一点的官员都没有见到，他恼羞成怒，鼓动几个朋友高声呼喊："总督外甥来了，还不快来迎接！"可是嗓子都快喊破了，还是不见有重要官员来。惠东林的一个朋友将惠东林拉到一边，小声对他说："都说这知州是个吝啬鬼，最舍不得花银子，咱们就不要这样大呼小叫、自讨没趣了，这里不留爷，自有留爷处。他们不想搭理咱们，咱们绕开这鄌州不就可以了？"惠东林一听，仍不死心，他眼睛一瞪，大声嚷嚷道："我来了，他吴腾汉敢不出面接待？岂有此理！"

驿丞赶忙对惠东林说："你们来了，我们都很高兴，都非常欢迎，你们一行人的吃住我都安排妥当了。知州大人因公务繁忙没能前来，他再三叮嘱我，叫我一定要好生接待。"惠东林压根就没把驿丞放在眼里，经他这么一说，反而更生气。但眼看时间已经不早，肚子也饿了，再耗下去就有点对不住自己的肚子了，于是惠东林带头将行李交给身旁的驿卒，然后骂骂咧咧地跟着驿丞等人来到离州衙署不到一里的行馆。

安顿好住宿后，他们来到了餐厅。惠东林刚才听驿丞说吃的都安排妥当了，认为一定是备好酒水、摆好宴席了，可到这里一看，这哪里是什么宴席？虽然桌上也放了一壶酒，但连一个较像样的菜都没有。桌上只有一个回锅肉，一个炒羊杂，一个炒鸡蛋，另加上几个时令蔬菜和一两个汤，就是能填饱肚子的普通饭菜。惠东林见之，又止不住大声骂道："都说你们的知州是吝啬鬼、铁公鸡，果然名不虚传，他这么做，八成是想把省下的银子通通带到阎王爷那里去，去巴结阎王爷，去孝敬阎王爷，好让阎王爷早日将他和他子孙的魂魄给勾摄走……"

惠东林好酒，几杯酒下肚之后心情略有好转，对于菜似乎不像刚才那么在意和挑剔了。他扫了大家一眼，又骂骂咧咧地说："娘的，最让我气恼的是，连个稍像样一点的人来作陪都没有，就像打发叫花子一样……这要叫我怎么咽下这口气？"惠东林没能咽下这口气，他头往后一仰，咽下一杯酒。

惠东林说话间，吴腾汉走了进来，他佯装什么话都没听到，拱着手一边向大家致意，一边说："我因事来迟了，不好意思，真不好意思。"说完，他自己搬来一张凳子，又叫人加了一副碗筷和一个酒杯，然后坐下。

吴腾汉的到来，让包括驿丞在内的人都觉得十分意外，但也正因为吴腾汉来了，才让紧张而尴尬的现场气氛一下子就有了很大的缓解和改善。

这就好比事先预告说要给个大西瓜，而最后得到的却是个芝麻粒，如此难免会让人感到十分不满，甚至有一种遭羞辱般的感觉；而事前若告知说什么都没有，之后却突然给了想要的东西，那么哪怕这东西并不贵重，也会让人有一种满满的获得感。

吴腾汉先在自己的杯里斟了些酒，然后起身绕了一圈，给所有人都续上酒。他端起酒杯，脸带微笑地对大家说："欢迎各位客人的光临！鄌州非富庶之地，财力捉襟见肘，我这当知州的，也确实拿不出什么像样的东西来招待大家，抱歉，十分抱歉。现在我就用本地产的鄌城酒敬大家一杯……来，大家一起把它给干了！"说罢，吴腾汉一饮而尽。

惠东林与其他几个人不同，他迟疑了一会儿之后才将酒喝下。

虽说惠东林对这般接待仍心怀不满，但看到两鬓斑白、衣着朴素、毫无官架子的吴腾汉到场，心里的气便消了不少；再想想邻县驿丞说知州吴腾汉是个清官，出门从不坐轿子，又爱民如子，看到确实有困难的人，不论是下属还是治下百姓甚至是路人都会给点银子接济，心里不免对他产生了一点好感。

因为惠东林对主人有了点好感，那接下来的事情自然就不会太复杂了。考虑到惠东林一行刚到鄌州，舟车劳顿，旅途辛苦，吃完饭聊了一会儿天，吴腾汉便建议他们早点休息。在与驿丞一起将他们送到客房后，吴腾汉离开行馆回到住处。

受到皇上嘉奖

吴腾汉通过深入下辖县视察和调查研究,制定并推行了符合当地实际的一系列政令,使鄜州诸多工作在较短时间内就有了较大的起色。与此同时,吴腾汉作为知州,仍像往常那样药箱随身,在出行途中对路遇或听说的缺医少药患者进行免费看病治病。此事在陕西鄜州等地引起很大反响。

林则徐对吴腾汉的做法甚是满意,他在陕西各地巡视时,将其作为典型事例加以称赞和宣传,同时要求各级官员要像吴腾汉那样,以民为本,知民间疾苦,把百姓冷暖挂在心头,认真履职,造福一方百姓。此后,林则徐还将吴腾汉"亦官亦医"的典型事例写成奏章上奏朝廷,请求予以嘉奖。

道光皇帝阅知后,对于集知州(州判)与名医于一身的吴腾汉甚为关注与赞赏。"为官且行医,行医不误为官事,此乃官场之一绝。"道光皇帝下旨"奉天敕命",以表彰吴腾汉的功绩,并追赠吴腾汉父祖三代。道光皇帝还赏赐吴腾汉数件器皿,包括三个白玉杯、一个青铜壶和三个青铜酒具。

　　林则徐在担任陕西巡抚期间，由于工作操劳，本来就瘦弱多病的身体更是雪上加霜。道光二十六年（1847年）十二月，林则徐向朝廷告假休息，调理身体，但道光皇帝没有准奏，只给三个月时间让他在西安养病，同时决定由陕西布政使杨以增署理陕西巡抚。道光二十七年（1847年）三月十六，林则徐由陕西巡抚调任云贵总督。

公堂断病

吴腾汉传

审案断案工作很重要,吴腾汉花在这上面的时间也最多。吴腾汉从第一次大堂审案开始至今,已经过了十二三年了,在这十余年时间里,他审过的大小案子有六七百个。尽管他在审案过程中秉公执法,言出法随,慎之又慎,但仍出现过几起冤案错案,虽然事后多数案子得到纠正,但给吴腾汉的经验教训不能说不深刻。另外还有几个案子由于案情十分复杂,涉及多地和多方人员,虽经多方努力,仍未能侦破,成了久悬未决的"悬案"。

这天上午,吴腾汉与州同、师爷和捕快等人一起研究分析一个案子的案情。不料一波未平一波又起,正在此时,有快班捕快禀报称:县衙署门口来了几个鄜城沂水镇娄山村的村民,他们抓了一个只穿个裤衩的男子前来报官。受害人丈夫诉称:被抓者色胆包天,竟敢大白天强奸其妻,请求县太爷主持正义,将罪犯速速绳之以法。吴腾汉等人随即来到县衙署门口。

受害人丈夫说他叫张世玉,其妻名陈樱花。其妻这些天来一直嚷着身体难受,昨晚又呕吐又发高烧,到天亮时她连说话的力气都没有了。张世玉见妻子病成这样，吃过早饭后就准备到镇上去请郎中来为她治病。走出家门不远，凑巧遇到了一个摇着药铃的郎中，于是他为省些时间，就将这位郎中请至家中。郎中把完脉又问了些情况，然后说张世玉妻子是风寒入体兼肠胃发病，得赶紧吃药。郎中想了想，一边开药方一边对张世玉说，由于药箱备药不多，得赶紧拿药方到镇上去抓药，否则其妻子恐有不测。张世玉听得此话，心急如焚，便拿着药方去镇上抓药。郎中叫他快去快回，并说自己要给病人再把把脉，看看还有没有其他问题。张世玉没多想就出门抓药去了。

待张世玉回来时，房门紧闭，只听到从房内传来了妻子的哭喊声："快来救我，我被郎中强暴了！"张世玉听罢怒火中烧，一脚踹开房门，将仍在床上的郎中死死按住。之后他喊来刚好路过的邻居，一起把郎中给捆绑起来。"知州老爷，你一定要替我们做主，把这个禽兽不如的郎中绳之以法。"张世玉含着眼泪对吴腾汉说。

吴腾汉当即决定受理此案，并打算于当日晚些时候升堂审理。本案属强奸案，案情重大，照说要在大堂审理，但考虑到此案涉及当事人隐私，吴腾汉决定在二堂审理。

二堂的屏风上绘有《松鹤延年图》，这与大堂的《山水朝阳图》相比，无疑多了几分生活气息。案上令签筒的令签也与大堂不同，只有黑色没有红色，这表明在二堂审案一般不判处死刑。屏风上方悬有匾额"思补堂"，为退思补过之意。知州坐在案桌后的高靠背上，抬头便可看到对面屏门上所悬挂的"天理、国法、人情"六个大字,这六个大字提醒知州断案时要权衡三者,做到合法、合理又合情。

原告陈樱花因生病被特别允许坐在原告位上,被告跪在地上。因为堂内人少,没有喧闹声,吴腾汉没拍惊堂木,即开口道:"今天审理的是一起强奸民女案,原告陈樱花乃郿城沂水镇娄山村人,二十一岁,已婚未育。被告庄其勇系中部县人,四十岁,自称业医,长期在外,居无定所。现已查明:被告庄其勇于今日上午在娄山村以给村民陈樱花治病为由,来到陈樱花家并进入其房间。之后庄其勇谎称备药不全,让陈樱花丈夫张世玉去镇上买药,故意将他支开。张世玉离开后,庄其勇即对患病而无力反抗的陈樱花实施奸淫。陈樱花丈夫张世玉购药心切,来回均一路快速奔跑,所费时间比庄其勇预计的短了许多,待张世玉回到家时庄其勇仍在床上,被张世玉逮个正着,之后张世玉喊来路过的邻居,一起将庄其勇捆绑并扭送至县衙。该邻居名王福广,为本案的直击证人。"

吴腾汉看了庄其勇一眼,发现他的头不时晃动,有藐视公堂之嫌,于是重重地拍了一下惊堂木,厉声问道:"本官方才说的是否属实?你是否认罪?"庄其勇抬起头,眨了眨眼,说:"知州老爷没说的话可能全对,但方才所说的乃是一面之词。"吴腾汉一听,认为庄其勇在公堂之上、在事实面前竟敢如此放肆,无疑是死猪不怕开水烫的泼皮无赖,须让他清醒一下,于是从令签筒里抽出一根令签扔下。一衙役捡起令签并大声唱出数字，另两个衙役则对庄其勇重打屁股二十大板。被打后的庄其勇明显老实了许多，但仍然辩解说原告丈夫和他邻居所看到的并非奸淫现场，不过是他作为郎中正在给病人进行特别治疗的一个场景片断而已。他还说，这种特别治疗法称作"灵肉结合疗法"。

庄其勇还煞有介事地说："我是郎中，我懂得的东西你们不可能懂。我用独特疗法辛辛苦苦地给病人临床治疗，而你们却说我是在床上奸淫病人，这不是枉费了我作为郎中的一片好心？这不是在亵渎和侮辱我的人格吗？"

吴腾汉心里清楚，庄其勇虽然打着郎中的名号，但说到底是个不学无术、游手好闲且四处骗财劫色的社会渣滓，绝非具有真才实学、能药到病除、妙手回春的郎中。吴腾汉本想及时堵住庄其勇的嘴，不让他继续在公堂上信口雌黄、胡说八道，但转而想，既然他都可以把奸淫称作是一种"灵肉结合疗法"，糊弄人都糊弄到这个程度了，那就不妨让公堂里的人都看一看他究竟是什么货色，看一看他的药箱里到底都装了哪些灵丹妙药。

于是吴腾汉厉声问庄其勇："被告庄其勇，本官身为知州，不谙医事乃是情有可原，而你口口声声说自己是郎中，并且还发明了一种'灵肉结合疗法'，想必是掌握了很高深的医学知识……"不等吴腾汉说完，庄其勇便十分自得地插嘴道："那是那是。"吴腾汉大声道："被告庄其勇，你可不可以回答本官几个医学方面的问题？"庄其勇一听，心想你一个知州能有几多医学常识？于是连忙点头表示可以。

吴腾汉问："《黄帝内经》是黄帝写的吗？"庄其勇不假思索地："这还用问？不是皇帝写的，难道是宰相写的？"吴腾汉纠正道："《黄帝内经》并不是某个人所写，它是战国至东汉时期的一些人托黄帝之名所写的，这就是说，该书是一些人一起写的。"吴腾汉问："谁写了一本医学名著叫《伤寒杂病论》？"庄其勇想了想，说："华佗。"吴腾汉说："错，该书为张仲景所写。"吴腾汉又问："中医之脉分为多少种？濡脉的体象歌怎么唱？"庄其勇搜肠刮肚，想了又想，最后只答出四种，即洪脉、细脉、缓脉和紧脉。至于濡脉之体象歌，庄其勇误以为是一首供大家唱或听的什么歌，所以他回答说："我五音不全，很少唱歌，没唱过这歌，也不曾听别人唱过。"

要是在其他场合听到有人这么回答，吴腾汉肯定会哈哈笑个不停，而在公堂他不能这样。他对于眼前这位"郎中"的底细已是十分清楚，他瞥了庄其勇一眼，然后说："中医里的脉共分为十三种，即洪脉、微脉、细脉、濡脉、弱脉、紧脉、弦脉、动脉、促脉、结脉、代脉、革脉、牢脉。濡脉之体象歌是这么唱的：濡脉细软，见于浮分；举之乃见，按之即空。"

经吴腾汉这么一发问，公堂里的所有人都知道这位"郎中"的真实水平了；而庄其勇也意识到，坐在台上的这位知州并非只会审案断案，他博学多识，医学知识可随手拈来，远不是自己所能够相比的。于是他像遭受过霜打的茄子一样蔫了，他不想再为自己的罪恶行为作无谓辩护了。

吴腾汉发觉到庄其勇的前后变化，于是他提高嗓音问道："庄其勇，本官问你，原告陈樱花诉你违背她的意志，强行与她发生性行为，你是否认罪？"见庄其勇没有反应，吴腾汉一字一顿地说："被告庄其勇你给我听好了，认罪态度好的可以从宽惩处，态度恶劣者罪加一等。"庄其勇听得话，看了看吴腾汉，又看了看旁边的原告等人，之后磕头认罪："我坦白，凭我的能力和水平我当不了郎中，但我却以郎中身份先后骗得了不少钱财。今天上午我去原告家之前心无他念，是去之后发现原告长相姣好，貌似天仙，才临时起意，将其丈夫支开，然后达到奸淫她的目的。"

庄其勇如实供述之后，在一旁作记录的书吏拿着笔录纸让庄其勇过目并当堂画押。庄其勇画押后，被衙役戴上面枷，准备将他押往监牢等候判决。

吴腾汉示意衙役不要马上将庄其勇押走。吴腾汉走下官阁，来到低着头眯着眼、满脸倦容的陈樱花身边，关切地问道："你现在感觉怎样？还难受吗？"陈樱花点了点头说难受。"我现在就给你诊病。"吴腾汉说罢，即让一衙役搬来桌子和凳子，同时又让看押嫌犯的衙役将庄其勇带过来站在一边。"庄其勇，你不是经常给人诊病吗？你也顺便看看别人是怎么诊病的。"

吴腾汉让陈樱花坐在他对面，他先看了看陈樱花的脸色，接着让她张开嘴伸出舌头，再呼一口气，然后又问了一些情况，之后才开始给陈樱花把脉。吴腾汉把完脉，站起身，脸带笑容地对陈樱花丈夫说："你妻子有喜了，恭喜你们！至于你妻子昨晚发烧，那是因略感伤寒所引起，关系不大。因你妻子已有身孕，我看能不吃药就尽量不吃药。"

　　庄其勇站在一边看吴腾汉诊病。当听吴腾汉说陈樱花得的是"喜病"时，他既觉得突然，又觉得很不可思议。"我太小看您了，您竟然可以通过把脉就诊断出一个女人是否怀孕……您是名医无疑，我刑满后一定要找您好好学。"庄其勇对吴腾汉说。

辞官离任

林则徐于道光二十七年（1847年）四月调任云贵总督后，陕西巡抚由杨以增接任。杨以增接任巡抚之前是陕西省布政使，林则徐生病休息期间，他以布政使身份署理陕西巡抚三个月。

杨以增是山东聊城县人，道光二年（1822年）进士，后赴贵州先后任荔波、贵筑知县，兴义、贵阳知府，再任广西左江、湖北安襄荆郧道员。之后去河南开归陈许道任职。在河南时，逢黄河汛期，他率众督促加固堤坝，视察汛情，使当地百姓免受水患，后升任两淮盐运使、甘肃按察使、陕西布政使。他在陕西任职期间，与林则徐交情甚笃。

杨以增在陕西多年，他知道吴腾汉的工作能力和水平，知道吴腾汉曾受到朝廷和道光皇帝的表彰和嘉奖；同时也知道林则徐既是吴腾汉的老乡又是吴腾汉的恩人，二者关系非同一般。林则徐离开西安履新前，曾特地对杨以增说，吴腾汉是个使命感、责任心以及工作能力都很强的人，他虽然年纪较大，但很迟入仕，任职年限很短，况且现在精力还很充沛，应该让他在鄜州知州任上再干几年，为当地百姓再做一些好事。林则徐还说，他离开陕西后，希望杨以增能多关心和支持吴腾汉，注意保护他的积极性，以便把鄜州的各项工作做得更好。

　　杨以增上任巡抚后第一次出巡就去了鄜州，他白天随吴腾汉一起走家串户、体察民情，晚上与吴腾汉对床夜语，谈古论今。这看似是巡抚的工作日常，其实是他对吴腾汉的特别关心之举。

　　也是在道光二十七年（1847年）这年，朝廷让杨以增署理陕甘总督。杨以增离任巡抚署理陕甘总督不久，由陈士枚署理陕西巡抚。

　　陈士枚，山西平定人，道光二年（1822年）乡试中举，道光六年（1826年）中式进士，道光二十五年（1845年）四月由山东盐运使补授福建按察使，八月到任。道光二十六年（1846年）十一月委署福建布政使，十二月补授四川布政使。道光二十八年（1848年）九月署理陕西巡抚。

　　杨以增署理陕甘总督后，一如既往地关心和支持吴腾汉的工作。吴腾汉深深地感受到来自杨以增等人的关心、支持和帮助，表示虽然年纪已大，但仍会尽心尽责地为鄜州百姓再效微薄之力。

　　道光二十九年（1849年）春，杨以增调任江南河道总督兼漕运总督，随后，由四川总督琦善接替杨以增署理陕甘总督。

琦善是个出身显赫、叱咤风云的政治人物。他生于满洲贵族家庭，祖上恩格得理尔，以率众投附有功，受封一等侯爵。琦善世袭一等侯爵，父成德，曾任热河都统。嘉庆十一年（1806年），琦善由荫生授刑部员外郎，由正五品的员外郎候补，嘉庆十三年（1808年）正式补官。嘉庆十九年（1814年），为河南按察使，历江宁、河南布政使，嘉庆二十四年（1819年）升河南巡抚，被褫职以主事衔留办河工。历任山东巡抚、两江总督、东河总督、成都将军等职。其间曾因治水失宜而被革职，但开复特快，道光十一年（1831年）迁直隶总督，道光二十六年（1836年）授协办大学士，两年后擢文渊阁大学士。

道光二十年（1840年）八月十一，英军舰队进至天津海面，时任直隶总督的琦善赴天津与英军司令咨会。琦善主张罢战言和，要求进行谈判，他伙同穆彰阿、伊里布等一向与林则徐有过节的朝臣向道光皇帝夸大英军军力，诬指林则徐允许鸦片贩卖后又反悔而禁烟，激起英国发动战争，将所有战争责任全归咎到林则徐身上。八月下旬，道光皇帝任命琦善为钦差大臣赴广东查办，九月初又革林则徐、邓廷桢职，任命琦善署两广总督兼海关监督。

琦善在白河口看到英军的坚船利炮后，下令撤退炮台守军，并派广东人鲍鹏去穿鼻洋（广州虎门口）向英军求和，与义律私下约订《穿鼻草约》，割让香港，赔款六百万银元。道光皇帝以琦善擅自割让香港为奇耻大辱，令锁拿解京问罪，后获赦免，先后任驻藏大臣、热河都统、四川总督等职。

自从听说琦善将接替杨以增署理陕甘总督,吴腾汉就预感情况不妙,他知道琦善与林则徐是老死不相往来的冤家对头,人品不同,政见不一,之间的关系形同水火。"林则徐器重和提携的人,琦善会善待他吗?会对他一视同仁吗?"吴腾汉心里想,此人若换作是林则徐,那答案几乎是肯定的;而琦善从他与林则徐打交道的种种卑劣行径上看,他是不可能给我吴腾汉好果子吃的。

果不其然,时过不久,当琦善得知鄜州知州吴腾汉与林则徐关系特殊之后,便注意上吴腾汉,并开始寻思要怎样在吴腾汉身上"做点文章",从而间接地给林则徐一记重重的耳光,发泄他对林则徐的不满,消解他的心头之恨。但琦善知道吴腾汉为官十分清廉,群众基础很好,百姓非常拥戴他,根本就找不到什么把柄来刁难和惩治他。

"林则徐能因吴腾汉'亦官亦医'把他捧上天,我也能因他'亦官亦医'把他给拽回地上。"琦善经过一番冥思苦想,终于想出了一个陷害吴腾汉的损招,并秘密交代他信任的人去做。不久,吴腾汉下辖的宜君县就传出消息说:鄜州知州吴腾汉当官不务正业,药箱随身,视百姓生命如草芥,借救死扶伤之名,四处草菅人命,残害百姓,数日前刚治死了一位体壮如牛的青年男子。

此消息一出,舆论哗然。其实,这"被治死"的青年男子乃是猝死之人,在其家人请吴腾汉为其诊病之前就已经死去多时。琦善当然知道事情真伪,但他不可能就此打住,他还要将自导的这出戏继续下去。之后他对不同地方的官员说了一番同样的话:"不论从事哪一行,都得专心致志,为官者更是如此。一个身为知州的正五品官员,却搁下知州之正经事不干,非要带个药箱以看病为名四处坑害百姓,官品人品何在?良心何在?此人若还让他留在知州任上,岂不说明我大清国人才匮乏,甚至已经到了青黄不接的地步?"

"琦善,名中有善,却绝非和善之人,此人用心十分险恶与歹毒。"吴腾汉听到友人转述后,心里如是想。

俗话说官大一级压死人,面对琦善的龌龊伎俩,吴腾汉感受到了一种前所未有的压力。"欲加之罪,何患无辞。""君要臣死,臣不得不死。"强压之下,吴腾汉不免想到这些,但他也想:我已是年近古稀之人,本来也要考虑致仕回家,既如此,这也算不上是什么事了。

在这种情况下,吴腾汉萌生了提前卸任归家之念,于是他通过督抚上疏朝廷,以"年老不堪重负"为由,请求提前致仕让贤。朝廷很快就同意并批准了吴腾汉的请求。道光二十九年(1849年)秋,六十九岁的吴腾汉卸去郴州知州之职。

吴腾汉卸任后,郴州知州由陕西延安府下辖县的一个知县擢升担任。此人为琦善所提拔,自然对琦善感恩戴德,唯琦善之命是从;也因此,他不愿意与吴腾汉有过多亲密的接触。吴腾汉明白其中之理,在核清钱粮物库存、办好移交手续之后,尽可能地不与他见面或少见面。

吴腾汉传

　　一个正五品官员致仕回家，除了按照朝廷的有关规定外，还可以在原履职地享受到一定的物质待遇和精神待遇。吴腾汉是清楚这些的，他也想过要提出一些具体要求，但因为自己已经卸任，说话不顶用，而新任知州又表现出不理不睬的样子，他在认真考虑之后，便放弃其他方面的要求，"只要有人随行护送，能让老朽以及一些随身物品安全到家就行。"最终他向新任知州提出如此之要求。新任知州感觉此要求与吴腾汉本可以享受的待遇相比，算不得什么，当即表示同意。之后他又补充道："官员致仕，官府派人敲锣打鼓送其回家，此乃惯例，我看这个还是应该有的，否则不但人们会因此说你闲话坏话，也会说我这个新任知州不近人情，不通情达理。"

　　"你这么做，归根结底也是为你自己考虑的。"吴腾汉心里想。因为对新任知州没有好感，吴腾汉本不想接受他的提议，但想想自己离开鄜城时，若真的是静悄悄的听不到半点锣鼓声，人们就可能误以为是我吴腾汉干了什么坏事被革职遣送回家的。如此这般一想，吴腾汉便没再说什么。

　　其实在此之前，吴腾汉对于离任致仕之事曾有过一个美好的设想：自己为官以来从来没坐过轿子，待到致仕回乡的那一天，无论如何也要在锣鼓声中风风光光地坐上一回，过一过"当官做老爷"的瘾。不想这一天真的来临时，却由于种种原因，他的愿望无法实现了。"有人敲锣打鼓送我回家，不也挺风光吗？"吴腾汉安慰自己道。

这几天，吴腾汉先后忙了不少事。因为要告老还乡，他必须把借给下属等人的一些银子给要回来，既应付途中开销，也可拿回老家作还债之用。可是，他一时能讨回来的银子却不多。欠他银子的大都是一些有困难的人，而有的人（包括个别下属）得知吴腾汉即将致仕回家，不可能再回到这里，便起了歹心，故意推说拿不出银子而赖账不还。

吴腾汉除了讨债，当务之急就是整理和打点行李。他欲带回家的东西，除了自购的几套半新不旧的官服（朝廷规定，官服官帽等须自己花钱购买）、几套有补丁的便装、几件棉衣棉裤，以及一些陈旧的甚至是破烂不堪的内衣和鞋、袜、帽以外，其他就是数百册书，几幅友人和上司赠送的字画。他没有金银细软，也没有值钱的古董等。他在打包行李时，发觉自己的东西很少，少得自己都觉得不好意思。他甚至想：我是不是也向孙嘉淦学点，去搬几箱砖头来当作金银财宝，装点装点门面？

吴腾汉听说过民间流传的关于孙嘉淦的故事。

孙嘉淦先后担任直隶总督、湖广总督等职，乾隆十年（1745年）任都察院左副都御史，乾隆十二年（1747年）孙嘉淦以年老乞求致仕，得到批准。没想到，孙嘉淦此次告老还乡却掀起了一场轩然大波，原因是有人举报他平时假装清廉，实际上是个大贪官，回乡时竟然带了好几骡车的金银财宝。

乾隆皇帝接到如此状告，当然不能坐视不管，于是他

吴腾汉传

亲自前去拦截查实。果不其然,孙嘉淦的回乡车队声势浩大,而且骡车上确实装有几十口大木箱。可当乾隆皇帝打开木箱时却傻了眼,原来箱子里装的并非金银财宝之类,而是一些废弃的砖头。乾隆皇帝不解,问孙嘉淦何意。孙嘉淦解释说,他虽然为官三十余载,却未攒下什么家当,如今两手空空告老还乡,难免面子上过不去,而且沿途百姓看见了也会觉得朝廷和皇帝亏待了他。再加上老家破烂不堪,连一间用来遮风挡雨的房屋都没有,此番回家,他打算用这些废弃的砖头修补一下老屋,以供自己养老;同时,由于这些砖头来自京师,也能给他晚年留下一个念想。

乾隆皇帝听完孙嘉淦的解释后非常感动,于是下令把砖头卸下换成了一些银锭,以表彰孙嘉淦的清廉和他的一番苦心。两年后,孙嘉淦被乾隆皇帝请回京师继续担任要职。

吴腾汉虽不是孙嘉淦,但也想像孙嘉淦那样做,于是他找来六七个大小箱子,准备将住处里的锅碗瓢盆、坛坛罐罐等全部装入箱子带回老家。但之后他改变了主意,认为这么做除了让他多花费一些银子外,没有任何实际意义。"我吴腾汉此时此刻缺的就是银子,如此铺排又何必呢?"他心里想。

按照朝廷规定,地方官员致仕回原籍,可以享受官方提供的安保服务。吴腾汉此前提过此事,并已得到新任知州的同意。

为了途中人身安全方面的考虑,吴腾汉本来希望能由自己去挑几个他信得过且身强体壮的衙差送他回老家。州同和州判等人赞成他这么做，但最后，新任知州却说吴腾汉所挑中的人选为州衙署衙差的骨干力量，州衙署一天都离不开他们，更何况此去要数月之久。于是他另派了几个衙差随行。

吴腾汉心里清楚，知州派的这几个衙差，其实都是州衙署的勤杂工，有做卫生的，有偶尔顶替他人看门的，让他们牵个骡马、敲敲锣打打鼓可以，别的不行。

遭遇土匪打劫

吴腾汉传

吴腾汉离开郧城前,州衙署照说是要举行一个欢送仪式的,但这个"照说"却被新任知州刻意省略了。这天早上,两匹骡子各驮着两口箱子,由两个衙差牵着走在前面,另三个衙差敲锣打鼓跟随其后,吴腾汉走在最后面。五个衙差均穿着带"衙"字的衣服,这些衣服都是向州衙署的衙役借来的,显得不太合身。

以如此场面来欢送一个离任的知州,无疑过于简单和草率。不过,出了州衙署大门,大家看到的却是另外一种景象,这景象足以弥补所有的欠缺和遗憾。它让人印象深刻,过目不忘。

州衙署门外黑压压的一片,站满了来自郧城等地的社会各界人士和普通百姓,他们大多是自发而来的。他们中有几个人看见吴腾汉出了衙署门,便赶紧拨开人群走上前去,向吴腾汉送上了一幅绣着"月朗风清"四字的绸面匾额。

吴腾汉频频向在场的人群作揖:"谢谢大家!谢谢大

家!"吴腾汉路过的大街小巷和村道上,几乎每家每户都在自家门前置一桌子,在桌上放着一碗水和一面镜子。这清水和明镜,寓意吴腾汉当官"清如水,明如镜",是个十分难得的清官和好官。

官员离任犹如一面镜子,真实地反映出官员为官的清廉或贪腐等。一个为官者政绩与声名如何,老百姓看得最清楚,体会最深刻,他们会做出最真实和最朴实的情感表达。

出了鄜城,吴腾汉告诉几个衙差说不要再敲锣打鼓了,可以将锣鼓等收起来。其实敲锣打鼓并不是很轻松的活,时间长了也一样辛苦,所以几个衙差听吴腾汉这么一说,就收起锣鼓。他们一路往东南来到合阳,然后再往东南到达运城,之后进入洛阳。

吴腾汉数年前回过老家,他对于回家的路线以及日程安排记忆犹新。不过此次的情况与上次有所不同,上次他是在任的地方官员,可享受驰驿等待遇。享受驰驿待遇的官员,入觐或奉差出京,均由沿途地方官方按驿供配给役夫、马匹和廪给;地方官员往来可按品阶享受不同待遇。

不过,因为西北一带地广人稀,驿道和驿站少,即便有资格享受也很难享受到。如今吴腾汉作为致仕官员,所能享受的待遇自然远不如前,但按规定,归乡途中他和衙差的正常费用可由衙差带回鄜州衙署列支。唯因这次鄜州衙署派出的五个衙差均为年纪较大、体能较差且无官无职的勤杂工，他们均没有护送致仕官员回乡的经历和经验，启程前不知道自己该做些什么，也没有人告诉他们除了牵骡子、敲锣打鼓和陪伴吴腾汉之外应该做什么。因此，自从出了陕西鄜城地界后，一行人的吃喝拉撒等全由吴腾汉安排，费用也全由他支付。

　　吴腾汉一行走的是官道。官道很多，但设驿站的不多，他们所走的这条官道就没有驿站。早期的驿站是传递军事情报等官吏途中食宿、换马的场所，后来驿站的作用和功能逐渐扩大，不但京官离京往来及地方官员往来走驿道，甚至皇帝出行都可能走驿道并在驿站食宿，作短暂停留。有些路段道路平坦，可供马车、骡车、牛车等经过，驿站备有马车等交通工具，过往官员可坐马车赶路。有些路段不能通马车之类，官员便坐轿来往，遇到特别危险的路段，担心不测，有的官员索性下轿自己走路。

　　吴腾汉一行在洛阳作短暂停留。

　　洛阳城位于洛水之北，水之北谓"阳"，故名洛阳。它西靠秦岭，东临嵩岳，北依王屋山、太行山，南望伏牛山，自古便有"八关都邑，八面环山，五水绕洛城"之说。因得"河山拱戴，形胜甲于天下"之名，又有"天下之中、十省通衢"之称。

　　从中国第一个王朝夏朝开始，先后有商、西周、东周、东汉、曹魏、西晋、北魏、隋、唐等十三个王朝在洛阳建都，有一千五百多年的建都史。

洛阳在相当长的历史时期内，是国家政治、经济、文化的中心，也是四通八达的交通枢纽。西周初期所建立的第一个大路网，洛阳是其中心，驰道驿路，其直如矢，无远不达；隋大业元年（605年），隋炀帝在洛阳建东都，下令开凿大运河，至此形成了以洛阳为中心，向东北、东南辐射，总长达数千里的南北水运网；东汉时期以洛阳为起点的"丝绸之路"，可以直驰地中海东岸，明驼宛马，络绎不绝。

吴腾汉归家心切，尽管洛阳确实是个好地方，他也无心多驻留。过了一宿，一行人继续赶路。当他们进入登封县，来到了一个人烟稀少的山坳时，突然从路边冲出三个蒙面人。"不许动！我们要财不要命！"一个蒙面人扯着嗓子大声喊道。

几个衙差一看突然闯出三个臂粗腰圆操着大刀的蒙面土匪，吓得个个面如土色，双腿直打哆嗦。吴腾汉知道土匪的来意，下意识地展开双臂护住箱子，大声地对土匪说："你们不能动它！"一土匪龇牙咧嘴，坏笑道："我们为何就不能动它？"这个土匪本想将吴腾汉撂倒在地，忽然发现吴腾汉是个上了年纪的人，且面容清癯，温文尔雅，便动了恻隐之心，只是用手迅将他挡向一边。"去去去，到旁边去，这里没你什么事。"

三个土匪迅速将两匹骡子所驮的几口箱子打开，把衣物等一些不值钱的东西随便扔在地上，将银两以及字画等东西全部装入他们事先准备好的布袋。吴腾汉见状,知道大事不好,便对土匪们说:"我是福建人,这是要回福建老家去,你把我的这些银子全部拿走,我就没了路费,回不去了。"吴腾汉心里极其气愤,很想大声训斥或命人痛打他们几十大板,但转而想这里不是公堂,况且自己已不再是知州,指使和发派不了谁。他同时想,此时此刻要是跟土匪硬着来,不仅不会占任何便宜,反而可能搭上性命,于是他用温和的语气与他们商量说:"你们是不是留下点银子给我,好让我回家去?"

个头较矮的土匪听了吴腾汉的口音,感觉吴腾汉不像是附近一带的人,他又认真地看了一下吴腾汉,然后问:"你是福建的?你大老远的来这里干什么?"吴腾汉认为自己不能撒谎,否则可能惹怒土匪,于是就实话实说:"我之前在陕西鄜州任知州,此番是离任致仕回福建老家养老。"

个头较高的土匪一听说吴腾汉是知州离任回老家养老,再看了看被他们扔在地上的东西,然后禁不住大声笑道:"就凭你这点破烂,你敢说你是知州卸任还乡养老?哈哈哈,哈哈哈,哈哈哈……"这土匪笑得前仰后合,笑够之后,他接着说:"我说啊,你都这年纪了,就不要厚着脸皮开这种不着边际的大玩笑了。"

几个衙差虽然害怕,但听说土匪质疑吴腾汉的身份,他们即刻作了回应:"咱们几个人都可以证明,这知州大老爷不久前确确实实是咱们鄜州的知州,身着正五品官服,头戴正五品官帽。他是个大好人,对咱们这些在州衙署当差的下人可好呢。"

土匪们一听此话,不约而同地把他们扔在地上的那些旧官服捡起来看了又看。土匪们虽然没有当过官,但见过州县官,见过他们所穿的衣服。"看这官服,他们说的话应该不会有假。"可是,堂堂的一个知州,告老还乡,为什么就只有这点"家底"?为什么到了最后就搞点这样的东西回家?

土匪们看着吴腾汉,摇了摇头,满脸疑惑。见此,一衙差对土匪们说:"你们不知道吧,咱们的知州大老爷是个公认的大清官,他离开鄜城时,那众人欢送的场面啊,非常的……特别的……极其的感人。"

听衙差这么一说,高个子土匪对吴腾汉便有了几分好感,他拿出一个中锭银、几个小锭银和一把碎银问另两个土匪:"他们都说这老头是刚刚离任的鄜州知州,而且又是个大清官,咱们是不是还给他点银子,好让他作路费回老家养老去?"矮个子土匪表示同意,另外一个土匪则说,已经到嘴里的东西又要吐出来,这又何必呢?

高个子土匪最后做了折中处理,他将准备还给吴腾汉的一个中锭银又拿了回去,然后对吴腾汉说:"知州大清官,对不起,我们也只能这样了。"土匪走后,吴腾汉赶紧查看箱子里的东西,让他感到十分高兴的是,用旧衣物

包住的白玉杯、青铜壶和青铜酒具这几样道光皇帝所赐的东西仍在箱底，它被一摞书给压着。"太好了！其他东西都可以丢，就这几样宝贝不能丢！"吴腾汉心里想。

　　因为少了几样随行物品，更因为携带的大部分银两都被土匪劫走，吴腾汉决定给三个衙差一点银子，让他们先回去；另两个则随他一起到达大田后再返回陕西。之后，因路上开销比预想的要多，费用不够，无奈之下只好把两面铜锣也给变卖了。

第六章

DI LIU ZHANG

告老还乡

吴腾汉传

　　进入大田地界后,吴腾汉如释重负。到了大田县城门时,得到消息的大田县知县何炳南(四川成都人,乙酉举人,道光二十八年任)已在此等候多时。一阵嘘寒问暖之后,何炳南发现陕西鄜州方面的欢送阵容极小,小到都无法让人相信吴腾汉是被欢送回老家的。何炳南小声地问吴腾汉:"随行的就两个人?"吴腾汉知道何炳南此时心里有许多问题,但他不想多说,只轻描淡写地说了句:"路上遇到土匪打劫,有的人已经先回去了。"

　　当晚,何炳南设宴热情地款待了吴腾汉及其随行衙差。第二天,何炳南嘱咐人给两个衙差一些银两,两个衙差拿了银两后高兴地回陕西去了。吴腾汉原打算步行回老家梅山漈头,何炳南却执意要派官轿和锣鼓队送他回去。因为已连续赶路二月有余,身心十分疲惫,吴腾汉也没有过多推辞,便坐上轿子启程回老家了。"当知县、知州十几年,不曾坐过轿子,卸任之后终于舒舒服服、风风光光地坐上一回官轿了。"坐在轿子里,吴腾汉感慨良多。

　　吴腾汉能得到如此礼遇,其实并非天上掉下馅饼,确实是如他这样的致仕官员所应该享受的。

吴腾汉是正五品致仕官员，且是出了名的郎中，在大田等地有很高的知名度，大田知县自然不敢怠慢和得罪他。

但表面的风光遮掩不住吴腾汉此时内心的窘迫和无奈。他回到老家后，族亲、邻居、亲戚朋友以及村里村外的很多人都先后到他家来过。他们与吴腾汉的关系不同，来意也不一样，有的仅仅是来探望和问候的；有的是来看热闹的；有的在探望和问候的同时还希望得到主人的些许馈赠。

然而，由于吴腾汉任知县、知州十几年来，所考虑的都是如何认真履职，如何为民多做好事多办实事，从没想过自己；加上此次回家路遇不测，仅有的一点银两又被匪徒劫走，此时，他除了对到他家来的人作揖表示感谢外，确实表示不出物质层面上的什么心意了。

"一个当过州县官的人，却落得个如此穷酸和尴尬的地步，除了我还会有谁？"夜深人静时，吴腾汉常这么想。因为手头没钱，吴腾汉难免有时会觉得沮丧和抬不起头来。但他并不后悔，每逢这种时候，他都会想起历史上的那些清官们。

吴腾汉经常想到的清官不少，其中之一就是唐代诗人韦应物。韦应物是陕西人，曾任苏州太守等职，他忠于职守，勤于政务，爱民如子，两袖清风，任满之后因没得到新的任命，没有路费回家，便寄居于苏州无定寺，租田耕种。两年后，他因病客死他乡。苏州人十分敬佩和尊重他，称其为"韦苏州"。

"我虽然不如意，但还不至于像韦应物那样客死他乡。"吴腾汉一想到韦应物，就觉得自己还是挺幸运和幸福的，更何况眼前的经济困难是暂时的，以后每年都会有一笔数额相当可观的致仕年俸。

官员致仕始于周朝。古人以四十为强仕之始，以五十为服官政之年，以七十为致仕之期。七十岁被视为精力和智力明显衰退的临界点，因而也成了官员致仕的惯例年龄。经过两千多年的发展和演变，到了清朝道光年间，已经逐步形成了一套行之有效的官员致仕管理制度。朝廷对于官员致仕的年龄、致仕审核以及致仕后的经济待遇、儿子工作安排等方面都有着明确的规定。

文官的退休年龄比武官宽松，年届七十岁和年老患病的文官要办理致仕手续，大部分人告老还乡，回原籍养老。致仕返乡的官员，文官归口吏部，武官归口兵部。朝廷要求地方官员善待致仕官员，如果致仕官员去世，地方官员要及时上报朝廷；如果逝者是重要人物，皇帝得悉后还要赐给谥号和封赠等，并派人致祭。

官员致仕后可以得到高低不等的待遇，其待遇主要有经济待遇、政治待遇、子女待遇三种。经济待遇即俸禄，包括俸银与禄米，由户部划拨，州府支付，每年春秋两季发给。经济待遇有全俸、半俸和无俸之分，半俸或无俸者多是受过处罚的官员。政治待遇方面，朝廷规定"内外三品以下官吏老病告休，均准原品休致"。子女待遇方面，朝廷规定：京官四品以上，外官三品以上，武官二品以上，皆可选一子入国子监读书，期满候选。

吴腾汉致仕前为五品知州，非三品以上官员，他的儿子吴道亨便没有资格入读国子监。

愧对债主

吴腾汉传

道光二十九年（1849年）八月廿九，是吴腾汉七十虚岁生日。人生七十古来稀，吴腾汉年登古稀这一天，他的亲朋好友都想去为他祝寿，而吴腾汉却以"有事须外出"为由，一口拒绝。

吴腾汉致仕回家已经数月，照说一年春秋两季发放的致仕年俸也应该发给一季了，可不知何故，吴腾汉却迟迟没有收到。吴腾汉托人到县衙署问询，知县说这是永春州衙署负责的。吴腾汉叫儿子到永春州衙署打听，州衙署的人说户部此前划拨下来的致仕年俸均为他人所有，截至目前尚未看到吴腾汉的致仕年俸。

时间又过了数月，吴腾汉仍没有得到致仕年俸。

"我迟迟没收到致仕年俸，会不会与琦善有关？是不是琦善从中搞的鬼？"带着这个疑问，吴腾汉给吏部和户部各写了一封信，将相关情况做了如实反映。可是信寄出很久了，却一直没有得到回复，之后他又写了两封，仍是泥牛入海。此时此刻，吴腾汉不免想：虽然当时是他上疏朝廷请求提前致仕让贤的，但他之所以那么做，是因为受到了来自琦善的压力；换言之，是在琦善不断的贬抑和逼迫之下，才那么做的。

"琦善既然可以颠倒是非，混淆黑白，在陕西官场上制造事端来诋毁我、压制我、陷害我，自然也可以在皇上和吏部大员面前说我是个'不误正业，带个药箱四处坑害百姓'的知州；倘真如此，那皇上和吏部大员不将我革职查办、投入大牢就算是高抬贵手、网开一面了，怎么还可能让我享受致仕年俸之待遇？"吴腾汉如是想。

想到这里，吴腾汉的内心既愤懑、恼怒又非常伤心和难过。但想过之后，他反而觉得心里轻松了好多，因为终于可以不再日复一日地为自己的致仕年俸纠结了。他已届古稀之年，在官场上也度过了十几年的岁月，他深知世态炎凉，深知人世间有太多的冤屈和不平事。"或许这是天意。"之后，他不再挂念致仕年俸之事，而是背着药箱给人看病去了。

有一天，吴腾汉正在家里加工和整理中草药时来了个客人，他是邻村人，名叫苏继理，是吴腾汉的债主。他此次前来的目的，就是想向吴腾汉要回十几年前所借给的银两。

十五年前，当听说吴腾汉得到了林则徐的帮忙准备再次去陕西时，很多人都认为吴腾汉此去必定如他所愿，于是都向吴腾汉表达了祝贺之意，有些人还主动借给一些银两。其中有个叫苏继理的，他是已经亡故的放排工苏逢新的侄儿，农闲时经常出门做生意，家庭相当富有。他得知消息后特地赶了二三十里路来到吴腾汉家,主动借给锭银十两,同时告诉吴腾汉借给的银两可不急着还,因为家里一时半会儿还不会用到它。

吴腾汉上任知县几年后曾回过老家一趟,他带回了一些银两,并按轻重缓急还了几笔债。虽然苏继理在借给银子时曾说过他的银子可不急于还,而吴腾汉则想趁此机会将他的债一并还清。之后听说苏继理这些年在外做生意,常年不在家,吴腾汉便临时决定将原先准备还给他的银两大部分给了苏逢新的妻子。"她孤儿寡母、无依无靠的,着实可怜,我给点银两,也算是给她一点经济补偿。"吴腾汉对村里人说。

吴腾汉此次回家后,心里也一直惦记着苏继理这笔债。起先,因为得知苏理继仍在外地做生意,吴腾汉心里并不急,可几天前听说苏理继因为生意亏了本,已经回到老家时,吴腾汉心里就开始着急了。然而手中没有银子,急也没用。吴腾汉一度想主动找上门去,给苏继理做一下解释,让他再宽限一段时间。"等我手头宽裕了,我会在第一时间还银子给你。"吴腾汉连见到苏继理时要说的话都想好了。

可这事毕竟是很尴尬很难为情的事,换了谁都可能有以拖待变的拖延心理,更何况吴腾汉是当了十几年知县和知州的人呢。

苏理继很快就找上门来了。吴腾汉见到苏继理,赶紧将他迎进门,然后忙着给他让座、泡茶,之后又频频给他续茶，似乎想通过让他不停地喝茶而找不到说话的机会。当然，苏继理要说话并不难，只消眼睛一眨嘴一张，话就出来了："我十余年来一直在外头跑，此次是因为生意蚀了本不得已才回来的，回来后听说您已经致仕回家了，我心里头挺高兴的，因为这样我就可以把以前借给您的那点银两拿回来救急。"

吴腾汉不知怎么回话，心里又想着要给苏继理续茶。"不管怎样，该摊开说的事还是要摊开。"吴腾汉如此一想，便十分抱歉和惭愧地对苏继理说："不怕你笑话，虽然我当了十几年的知县、知州，几乎没有一点积蓄。上一次回来时，曾备了点银子准备还给你，却听说你在外头做生意很少回家，结果便将那银子先给了你的婶子……"

吴腾汉喝了口茶，继续说："本来口袋里就没有几两银子，去年从陕西回家途中又遇到土匪抢劫，把原打算用来还债的一点银子以及其他几样较值钱的东西都给抢走了，结果路费都成了问题。回家以后，本来应该享受的致仕年俸却不知何故，至今都还没有拿到手，所以……所以……"

苏继理知道，此次讨债无望了。苏继理是个通情达理的人，走南闯北见过世面，接触过不少地方官员，在他的心目中，官员们都是见钱眼开、唯利是图的"吃货"，他从来也没有遇到或听说过像吴腾汉这样清正廉洁的官，当了十几年的州县官后却两袖清风，甚至连十两借贷银都还不起。苏继理打心里敬佩吴腾汉这样的人。

俗话说瘦死的骆驼比马大,苏继理虽然生意亏了,但其实也不缺十两八两银子。他相信吴腾汉说的话,为了不让吴腾汉再为他的事感到难堪,他推说还有另外的事情要办,急匆匆地离开吴腾汉家。后来,苏继理咸鱼翻身,生意好转,他又忙着在外面跑了。

尽管苏继理对谁都没提起过,但"多年州县官,还不起借贷银"最终还是慢慢地被传开了;也因为这事,开始有人将吴腾汉称作"吴清寒"。

修缮凤山桥

吴腾汉回到漯头后,时常有老乡、亲戚和朋友等人来探望和拜访他。来的人中,大部分都出于礼貌,尊他为"老爷""老太爷""大人"之类,吴腾汉认为十分不妥,便很认真地对他们说,老爷、老太爷等乃是治下百姓对父母官的尊称,你们不是我治下百姓,况且我也早已不在任上,所以你们不能这样称呼我,彼此当以辈分相称呼。

吴腾汉对人一贯心怀若谷,谦恭礼让,即便是为官时也一样谨言慎行,不矜不伐,丝毫没有其他官员身上司空见惯的"官架子"。

他当过知县、知州,经常在衙署大堂审案,对"大堂"有一种特别的敬畏感,在他看来,一座房子的厅堂与一个州县衙署的大堂相似,也是一个比较庄重和威严的地方。他认为,自己已致仕回家,且是年逾古稀之老朽,要谦逊、低调,不能在厅堂上高谈阔论,否则就会给人一种高高在上的感觉。于是他特意在松泉堂之右厢房整出一个小客厅,既是他会客的地方,也是他给人看病治病的主要场所。

他致仕回乡不久，有几个长辈跟他说，村里的凤山桥年久失修，毁损严重，若再不修缮就可能垮塌。他们建议吴腾汉牵头并出面发动村民捐款，对凤山桥进行修缮。因为吴腾汉初回故里，事情较多，没有即刻答应。次年雨季过后，吴腾汉主动谈及这事，并表示虽然他缺乏财力，但一定会尽自己的一份力，和大家一起把修缮凤山桥的各项事情做好。

吴腾汉先与村里的几个长者商议，之后一起出面将漈头村的在外乡贤、经济能人以及能工巧匠召集到他家里来。因为此事非个人之事，乃村中大事，他便将聚集和议事的地点设在松泉堂的厅堂。

村里的凤山桥建于明末清初，已有二百多年的历史。该桥呈东南西北走向，横跨村尾小溪，长六丈余，宽约一丈二尺。桥身两端是金刚墙，为大块毛石垒砌，高约三丈，两端用口径八寸至一尺不等的杉木做垫，上用长约近五丈的大圆木做横面。桥的踩踏面为杉木板，柱子立于桥踩踏面之上，抬梁式构架，悬山顶。

在吴腾汉等人的带头努力以及村里人的大力支持和配合下，不到半年，凤山桥的修缮即告完成。之后，吴腾汉有感于家乡的小桥流水、花草树木，写下《龙潭记》一文，以表达他对家乡的赞美和依恋之情。

魂归故里

致仕回乡的两年时间里，吴腾汉时常想起恩人林则徐和道光皇帝等人，然而让他意想不到的是，林则徐和道光皇帝年龄虽比他小，却在同一年离开他，离开这个世界。

吴腾汉回到漖头的这一年（道光二十九年）秋，林则徐因病重奏请开缺回乡调治，翌年三月返抵候官。九月，又被朝廷任命为钦差大臣，去广西督理军务，进剿太平军。林则徐病体尚未康复，疝气不时发作，结果他躺在特制的卧轿上，由福建一路颠簸到达广东。到潮州时，他严重下痢，到了普宁已病入膏肓，不得不暂住普宁行馆。道光三十年（1850年）十月十九辰时，他溘然离世，享年六十六岁。在报丧奏折到京前，朝廷还于十月二十四命他暂署广西巡抚。他去世后朝廷晋赠其太子太傅，照总督例赐恤，历任一切处分悉行开复，谥文忠。

道光三十年（1850年）正月十四，道光皇帝驾崩，他在位三十年，终年六十九岁。

咸丰元年（1851年）春节过后不久，吴腾汉感觉身体一天不如一天了。他是郎中，知道自己身无大病，乃是瓜熟蒂落之自然规律。躺在病榻上，数十年来所经历过的事情一幕幕地在他眼前重现。得知吴腾汉病重，先后有许多亲朋好友来探视他，吴腾汉当年开书馆当塾师时的学生也有不少人特地到他家探视。看到这些学生，吴腾汉不免有点愧疚，因为当年为了考取功名，他一边给学生上课，一边要埋头苦读，还数度外出赶考，不敢说自己把全身心都用在了教学上。"你们当中只有几个秀才，连个举人也没有，这都因为我，真是很对不起。"

"先生，其实您也不要太自责，学生没多大出息，自是因为学习不专心、不刻苦所致，再说，举人、进士也不是那么容易就能考上的。"说此话的学生叫陈高胤，大田三十都人氏，二十三岁进县学（附学生），已经当了一二十年的塾师，他对县里的科考情况了如指掌。

陈高胤说，先生吴腾汉考取拔元以后，从道光五年（1825年）开始到道光二十九年（1849年）的二十四年时间里，大田就只有6个人考取举人，其中三个武举人，两个举人，一个钦赐举人。他们分别是：文江的陈汝魁于道光五年（1825年）考中武举人；均溪玉田的范林于道光八年（1828年）考中举人；均溪京口的杨叶于道光十四年（1834年）考中钦赐举人；文江的陈兰芳于道光十六年（1836年）考中武举人；上官凤（具体地址不详）于道光十九年（1839年）考中举人；谢洋怀德的林廷斌于道光二十九年（1849年）考中武举人。

陈高胤还说，虽然大田历史上也出了很多人才，自唐朝以来有近四十人高中进士，其中有大家耳熟能详的田一傮、田瑄、田瑣之"梅林三田",有名闻遐迩的"一门三进士、父子皆登科"的连仲英、连罕、连胤,有宋朝元丰年间官至礼部尚书的柯述等等,但自顺治八年(1651年)开始到咸丰元年(1851年)的二百年时间里,大田只出了四个进士,他们分别是:文江琼口的余朋良于顺治八年(1651年)考中廷试进士;文江琼口的余觉斯于康熙四十六年(1707年)考中进士;均溪玉田的范森于乾隆十三年(1748年)考中进士;文江的余日昇于乾隆十四年(1749年)考中进士。由此可见中进士之不易。

听陈高胤如此一说,吴腾汉的另一个学生也劝慰道:"先生,学生没有多大出息的原因是多方面的,但最重要的原因是自己努力不够,您可千万不要老是责备自己。"

一代清官吴腾汉在回乡两年后,于咸丰元年(1851年)仲春时节离别人世,享年七十一岁。临终前,他嘱咐儿子吴道亨将道光皇帝所赐白玉杯三个、青铜壶一个、青铜酒具三个全部捐献出来,作为白岩祠众裔孙共享物品,用以春祀秋尝。

吴腾汉去世后,丧事从简,没有任何铺排和奢华之举。其墓地位于大田县四十八都(今梅山镇)坑门鸟尾岬。墓地既无墓碑,亦无石雕石刻之类,与常人坟茔无异。也正因为如此,才能够在盗墓者猖獗年代免受糟践而安然无恙。吴腾汉裔孙等后人感念其功德,对坟茔施以修整硬化,并于辛巳年(2001年)三月壬子日乙巳时树碑谢土,以益观瞻。

后 记

　　吴腾汉曾任陕西白水、洛川知县和郿州知州等职，是入选《三明市历史名人》六个大田人中唯一非进士出仕的官员，也是出仕年龄最大、为官时间最短、品阶最低（正五品）的官员。他因"十几年州县官，还不起借贷银"名闻遐迩。很长一个时期来，他作为充满正能量的历史名人，纷纷被媒体关注和报导，成了三明市受媒体宣传报导最多的历史名人之一。

　　关于吴腾汉，民国版《大田县志》和《永春州志》等志书和史料均有记载，但都很简略。我是从吴祥光、吴炳光、陈紫星联合撰写的《吴腾汉传略》（详见1988年11月出版的《大田文史资料第三辑》）一文中较多了解吴腾汉的。此后又在1996年版《大田县志》《三明市历史名人》等多种书籍阅读到与吴腾汉相关的文章，文章出处不一，但内容大同小异。为了能更多和更全面地了解吴腾汉，我曾数次拜访《吴腾汉传略》作者之一吴炳光先生。

吴炳光是梅山镇梅山村人，与吴腾汉一样属于梅山村"俊兴堂"之后人。他永安师范毕业，1949年9月率队参加解放大田，新中国成立后历任学区校长、中学教师等职，1982年离休，离休后受聘到梅山文化站工作。我早年曾在县文化馆从事文艺创作并主编县级文学期刊，故有缘结识吴炳光这位老"笔杆子"。

吴炳光先生对吴腾汉的情况知之甚多，所谈甚多。他在交谈过程中几次强调说，由于《吴腾汉年谱》等部分原始文字资料不慎遗失，他们所了解和掌握的情况也不够全面与具体，有的是属于口口相传得来的，有的是从族谱之吴腾汉小传中引用来的，与真实情况或有不相吻合之处。

作为一个有多年人物传记写作经历并经常阅读族谱、家谱等书籍的写作者，我对于某一知名或不知名历史人物的认知和判别，自然不会满足和停留于阅读有如族谱这种带有较浓厚主观色彩及较重"私心"的私家读本。不夸张而言，族谱、家谱里的人几乎个个都是好人，没有"坏人"，更不可能出现"坏名人"。

也因此，在写《吴腾汉传》之前，我除了对已有的资料进行梳理和甄别外，还进一步去发掘、收集和整理与吴腾汉相关的第一手资料。我多次去过吴腾汉的祖籍地（常驻地）、出生地以及他当年居家时的一些活动处所；还专程到他履职地陕西省白水县、洛川县和鄜州

（今富县）等地，通过查阅史料以及向当地有关人士问询等方式，去探寻和了解相关情况。

在此基础上，我重新整理出一份关于吴腾汉的文字资料。两相对比，发现原资料存在不少差错。譬如，吴腾汉故居松泉堂之吴腾汉生平简介称：吴腾汉在福州藩署揭榜治好天花患者后，"藩官深表同情，允许准予派用。适陕西总督林则徐公回榕省亲，藩官极力为之推荐，林公乃收为帐下。由榕赴陕路途遥远，旅宿支出浩大，不得已沿途阅卷取微资以补不足。"这段文字存在三个错误：一，吴腾汉是掣签陕西的候任知县，他任职之大权掌握在陕甘总督、陕西巡抚、陕西布政使等少数几个人手中，福建省藩官（布政使）等高官均无权准予派用；二，其时（1835年）林则徐是江苏巡抚，他不可能直接将吴腾汉收为帐下，而是通过与陕西巡抚杨以增的个人关系，间接将吴腾汉作了安排；三，阅卷是科考等考试中的一个十分重要的环节，具有很强的权威性、专业性和时间性，官方对阅卷者要求很高，把关很严，绝非一个过路客人想干就可以去干的。

又譬如，简介说："吴腾汉年至六十有九时，自感日薄西山，不敢老马恋栈，乃上书让贤，告老还乡。"其实吴腾汉既是朝廷命官又是一方名医，他深谙养身之道，虽年事较高但身体状况良好，况且年近花甲才出仕，主观上亦无提前致仕之念，他上疏让贤的真正原因是受到了来自林则徐政敌、时任陕甘总督琦善的巨大压力；换言之，吴腾汉之所以辞去鄜州知州，是因为遭受琦善的胁迫与陷害，不得已而为之。

　　类似的差错处还有不少，在此不一一列举。出现这些差错的主要原因，一是吴腾汉所处的时代距今较为久远，物是人非，有些事已不可能让今人无差错掌握；二是有的原始资料（如《吴腾汉年谱》）之遗失，直接造成吴腾汉的履历及一些主要事件衔接脱节，逻辑关系含混不清；三是受当年客观条件限制，《吴腾汉传略》作者无法通过更多渠道和手段了解吴腾汉所处时代的社会现状、官场生态以及权力的运作情况等。

　　在完成了资料的搜集和整理之后，我开始写《吴腾汉传》。在写作过程中我坚持一贯做法，既不刻意拔高和粉饰谁，亦不随意贬抑和诋毁谁，以实际掌握的相关资料为依据，通过通俗的文字叙述与表达，比较客观真实地反映出吴腾汉的一生，反映出那个时代的官场乱象以及社会之众生相等等。由于本书预定体量较小，不能过多借助和使用想象力，致使书中存在章节及事件间连接不够顺畅自然等一些技巧性问题。

　　本书采用的图片绝大多数是自拍照片和资料图片；个别图片来自网络，因图片没有署名，故未能事先与作者取得联系，请图片作者主动联系本书作者，以便付给稿酬。

在撰写《吴腾汉传》过程中，得到了大田县政协吴初增主席、林宗镇副主席、陈新镇秘书长，县政协文史学习和民族宗教委陈德强主任以及梅山镇党委、政府等有关单位领导的高度重视与大力支持，在此谨表示衷心的感谢！与此同时，还得到了吴联增、吴联步、吴开炜、吴联平、吴联壁、吴同珠、吴祥电、吴建港、吴建镇、颜全飚、林泽寒、林起昌、张清美、涂晓哲、范光增、范五一、范庭裕、翁小叶、陈静怡、杨荣军、杨承墩等人的鼎力相助，在此一并表示衷心的感谢！

　　由于种种原因，书中难免有不足与谬误之处，敬请大家不吝珠玉，予以批评指正。

作　者